Sylvia Brinton Perera
Der Weg zur Göttin der Tiefe

Sylvia Brinton Perera

Der Weg zur Göttin der Tiefe

Die Erlösung der dunklen Schwester:
eine Initiation für Frauen

Fünfte Auflage

Ansata-Verlag
Paul A. Zemp
Rosenstraße 24
CH-3800 Interlaken
Schweiz
1993

Aus dem Amerikanischen übertragen von Sibylle Schmidt

Das Umschlagbild malte Robert Wicki

Titel der Originalausgabe:
Descent to the Goddess
A Way of Initiation for Women
Erschienen bei Inner City Books, Toronto
1983

Deutsche Ausgabe:

Schutzumschlaggestaltung: Paul A. Zemp
Gesamtherstellung: Kösel, Kempten

ISBN 3-7157-0074-2

Inhalt

Einleitung 8

I **Abstieg und Wiederkehr** 11
Der Mythos von Inanna-Isthar und Ereshkigal . . . 11
Töchter des Patriarchats 14
Vier Aspekte des Mythos 17

II **Oben und Unten: Seinsweisen des Weiblichen** . 21
Die Göttin Inanna. 21
Ereshkigal, die dunkle Göttin. 29
Eigenschaften von Ereshkigal. 31
Die analytische Erfahrung mit Ereshkigal 36
Ereshkigals Ablehnung durch das Patriarchat. . . . 41
Die Objektivität der Augen des Todes 43

III **Leiden und die Fähigkeit, allein zu stehen** . . . 51
Leiden – unbewußt und bewußt 51
Ereshkigals Pfahl – Fixation und Inkarnation . . . 54
Ereshkigals Pfahl als weibliche Kraft, allein zu stehen 58

IV **Die bipolare Göttin: Zwei Schwestern** 65
Die bipolare Göttin 65
Inzest mit Mutter und Schwester 69

V Abstieg, Opfer und Wandlung 75
Abstieg 75
Inannas Todeshochzeit 80
Opfer und Energieaustausch 81
Abstieg als kontrollierte therapeutische Regression 85

VI Die Entschleierung und der Weg durch die Tore 89
Die Entschleierung 89
Die Tore 93

VII Zeuge sein und Weisheit suchen 95
Ninshubur 95
Suche nach untauglichen Helfern 97
Der Mondgott 99

VIII Einfühlend-kreatives Bewußtsein 101
Enki: Gott des Wassers, der Weisheit und Kreativität 101
Figuren, die die Dunkle Göttin spiegeln 105
Innen und Außen 108
Enki als Patron der Therapeuten 111
Ereshkigals Großzügigkeit 116

IX Die Rückkehr und ihr Preis: Der Sündenbock-Geliebte 119
Die Rückkehr Inannas – die Rückkehr des Verdrängten 119
Der Sündenbock-Ersatz als Opfer 121
Dumuzi. 124

X Ausgleich und Abschluß:
Den Wandlungsprozeß annehmen 131
Ein erster Lösungsweg: die Weisheit der Wandlung 131
Ein zweiter Lösungsweg: Inannas Reue und die Wiederherstellung des Energiegleichgewichts . . 133
Ein dritter Lösungsweg: Geshtinanna, Dumuzis Schwester 136
Zusammenfassung 144

Glossar der Jungschen Begriffe 147
Anmerkungen 151
Bibliographie 161
Register 167

Einleitung

Für die moderne Frau, die nach Ganzheit sucht, ist die Rückkehr zur Göttin lebenswichtig, damit sie sich aus dem weiblichen Urgrund und Geist erneuern kann. Als erfolgreiche Frauen sind wir meistens «Töchter des Vaters» – das heißt, gut angepaßt an die männlich orientierte Gesellschaft –, und als diese haben wir unsere eigenen ur-weiblichen Instinkte und Energiemuster verleugnet, so wie auch unsere Kultur die meisten von ihnen entwürdigt und verstümmelt hat. Wir müssen zu dem zurückkehren und das wiedergutmachen, was das Patriarchat oft nur als eine gefährliche Bedrohung gesehen und schreckliche Mutter, Hexe oder Drache genannt hat.[1]

Das patriarchalische Ego von Frauen und Männern war, um seinen instinktbeherrschenden, strebsamen und heldenhaften Status zu erobern, auf der Flucht vor der ehrfurchterweckenden Göttin. Oder es versuchte, sie zu erschlagen oder wenigstens zu zerstückeln und so zu entmachten. Aber gerade zu ihr – und vor allem zu ihren kulturell verdrängten Aspekten, jenen unauslotbaren chthonischen und chaotischen Tiefen – muß das neue, im Individuationsprozeß befindliche Yin-Yang ausgleichende Ego zurückkehren.

Es kann dann seine Matrix und die in ihr verkörperte anpassungsfähige Stärke finden, eine Stärke, die es befähigt, aktiv und doch verletzbar zu sein, selbständig zu handeln und doch einfühlsam mit anderen umzugehen.

Diese Rückkehr zur Göttin wird oft als Teil des Entwicklungsmusters von Frauen verstanden – Erich Neumann nennt dies die Rückverbindung zum Selbst (dem Archetyp der Ganzheit und dem Steuerungszentrum der Persönlichkeit). Ursprünglich gehörte dies zum Bereich der Mutter, der es vom patriarchalischen Uroboros und patriarchalischen Ehepartner entwunden wurde.[2] Adrienne Rich spricht für viele von uns, wenn sie schreibt: «Die Frau, die ich als Mutter gebraucht hätte, wurde schon, bevor ich auf die Welt kam, zum Schweigen gebracht.»[3] Unglücklicherweise wurden nur allzu viele moderne Frauen als erstes nicht von ihrer Mutter erzogen. Statt dessen wuchsen sie in einem schwierigen Zuhause von abstrakter kollektiver Autorität auf; eine Frau nennt das «an den Knöcheln von der Erde abgetrennt», geprägt von Imperativen und Maßstäben des Über-Ich. Andere Frauen identifizierten sich mit dem Vater und dessen patriarchalischer Kultur und sonderten sich damit von ihrem eigenen weiblichen Urgrund und von der persönlichen Mutter ab, die sie oft nur als schwach und unzulänglich erleben konnten.[4] Für all diese Frauen besteht die dringende Notwendigkeit, die Göttin in ihrer ursprünglichen Realität zu erfahren.

Diese innere Verbindung ist für die meisten modernen Frauen der westlichen Welt eine lebensnotwendige Einweihung, ohne sie werden wir nicht ganz. Sie fordert beides: das Opfer unserer Identität als geistige Töchter des Patriarchats und das Hinabsteigen in die Tiefen des Geistes der Göttin, denn so viel Kraft und Leidenschaft des Weiblichen hat in fünftausendjähriger Verbannung in der Unterwelt geschlafen.

Die Tafel zeigt die erste Hälfte des Gedichts «Der Abstieg der Inanna». (Hilprecht-Sammlung, Universität Jena)

I Abstieg und Wiederkehr

Der Mythos von Inanna-Ishtar und Ereshkigal

Es gibt viele Mythen und Märchen über den Abstieg der Göttin und zu ihr: so z.B. die japanische Izanami, die griechische Kore-Persephone, die römische Psyche und die Märchen-Heldinnen, die zu Frau Holle oder Baba Yaga oder der Knusperhäuschen-Hexe gehen. Der älteste bekannte Mythos, der dieses Motiv aufgreift, wurde im dritten Jahrtausend v. Chr. auf Tontafeln geschrieben (obwohl er wahrscheinlich wesentlich älter ist und in vorgeschichtliche Zeiten zurückreicht). Er ist als «Der Abstieg der Inanna», der sumerischen Königin von Himmel und Erde, bekannt.[5] Es gibt noch zwei spätere akkadische Versionen, die aus dieser Quelle stammen, aber mit Abwandlungen, die wir als «Ishtars Abstieg» kennen.[6]

In diesem sumerischen Gedicht entschließt sich Inanna, in die Unterwelt zu gehen. «Ihr Herz verlangte aus himmlischer Höhe nach der Erde tiefstem Grund»,[7] sie «verließ den Himmel, verließ die Erde – und stieg in die Unterwelt hinab».[8] Als Vorsichtsmaßnahme unterweist sie Ninshubur, ihre weibliche Vertraute, die Götterväter um Hilfe zu bitten, falls sie nicht binnen dreier Tage zurückkehre.

Am ersten Tor zur Unterwelt wird Inanna aufgehalten und aufgefordert, ihre Absicht zu erklären. Der Torhüter benachrichtigt Ereshkigal, die Königin der großen Tiefe, daß Inanna, «die Königin des Himmels, des Ortes, wo die Sonne aufgeht»,[9] um Einlaß in das «Land ohne Wiederkehr» bitte, um dem Begräbnis von Gugalanna, dem Gatten von Ereshkigal, beizuwohnen. Diese wird zornig und besteht darauf, daß die Oberwelt-Göttin entsprechend den Gesetzen und Riten behandelt werde, die für jeden gelten, der ihr Königreich betritt, daß sie «nackt und tief gebeugt» zu ihr gebracht werde. Der Torhüter folgt dem Befehl. Er nimmt Inanna an jedem der sieben Tore eines ihrer göttlichen Attribute ab. «Nackt und kauernd», so wie die Sumerer ins Grab gelegt wurden, wird Inanna von den sieben Richtern gerichtet. Ereshkigal tötet sie. Ihr Leichnam wird an einen Pfahl gehängt, wo er zu einem grünen Stück faulen Fleisches verrottet. Nachdem Inanna nach drei Tagen nicht zurückgekehrt ist, folgt ihre Helferin Ninshubur ihren Anweisungen und alarmiert Menschen und Götter mit Lärm und Wehgeschrei.

Ninshubur geht zu Enlil, dem höchsten Gott des Himmels und der Erde, und zu Nanna, dem Mondgott und Inannas Vater. Beide verweigern ihre Einmischung in die anspruchsvollen Regeln der Unterwelt. Schließlich hört Enki, der Gott des Wassers und der Weisheit, Ninshuburs Klage und rettet Inanna, indem er zwei kleine Figuren aus dem Schmutz unter seinem Fingernagel erschafft. Diese schlüpfen unbemerkt in die Unterwelt, wobei sie die Nahrung und das Wasser des Lebens mit sich führen, mit denen Enki sie ausstattet. Sie erreichen Inannas Befreiung, indem sie Ereshkigal in ihrer Klage um die Toten (oder in ihren Geburtswehen) beistehen. Sie ist für das Mitgefühl so dankbar, daß sie schließlich Inannas Leiche herausgibt. Nachdem Inanna wieder zum Leben erweckt worden ist, erinnert man sie daran, daß sie nun einen Ersatz schicken muß, der ihren Platz einnimmt. Bei ihrer Rückkehr durch die sieben Tore, an denen sie jeweils ihre Gewänder zurückfordert, ist sie von Dämonen umgeben, die den Sündenbock ergreifen sollen.

Der letzte Teil des Mythos handelt von der Suche nach Inannas Ersatz. Inanna liefert niemanden aus, der um sie geweint hatte. Schließlich trifft sie auf ihren ersten Gatten,

Dumuzi (der später Tammuz genannt wird), der es sich auf seinem Thron gutgehen läßt. Inanna blickt ihn nun mit den gleichen Augen des Todes an, die Ereshkigal zuvor auf sie gerichtet hatte, und die Dämonen erfassen ihn. Dumuzi flieht jedoch mit Hilfe von Utu, dem Sonnengott und Bruder der Inanna, der ihn in eine Schlange verwandelt, um seine Flucht zu ermöglichen. In einem entsprechenden Gedicht wird erzählt, daß Dumuzi von seinem Untergang träumt. Er eilt zu seiner Schwester Geshtinanna, die ihm bei der Deutung seines Traumes hilft und ihn drängt zu fliehen. Als die Flucht sich als sinnlos erweist, schützt sie ihn und bietet schließlich an seiner Stelle sich selbst als Opfer an. So verfügt Inanna, daß die beiden das Schicksal teilen und jeweils ein halbes Jahr in der Unterwelt verbringen sollen. Das Gedicht endet mit den Worten:

> Inanna übergab Dumuzi der Hand des Ewigen.
> Heilige Ereshkigal! Lieblich ist deine Lobpreisung![10]

Dieser Mythos und die Göttinnen Inanna, Ereshkigal und Geshtinanna haben mich bewegt und beeinflußt, seit ich die Übersetzung von Kramer 1973 entdeckte. Indem ich mich mit diesem sehr frühen Material befaßte – aus einem Zeitalter, als die große Göttin noch lebendig war –, wurde es mir möglich, meine eigene Beziehung zu archetypisch weiblichen Mustern und Instinkten wiederzufinden. Ich weiß nicht, was diese Geschichten den Sumerern genau bedeuteten, aber in ihnen lebt ein kosmisches Muster, ein Muster, das als astronomisch, jahreszeitlich, transformatorisch und psychologisch gesehen werden kann. Sie dienten mir als Projektionsfelder, über die ich einen Weg zur Heilung einiger eigener psychischer Wunden und solcher meiner Freundinnen und Kolleginnen und all der mutterlosen Frauen finden konnte, mit denen ich in der Therapie arbeite. Wir alle sind unter dem Patriarchat aufgewachsen und kämpfen mit ähnlichen Problemen. Das Material, das ich verwende, stammt aus meinen Träumen und denen meiner Freunde und Patienten.

Töchter des Patriarchats

Besonders die Frau, die fast keine Beziehung zur Mutter hat, durch die sich der Archetyp des Selbst zuerst konstelliert, neigt am ehesten dazu, Erfüllung durch den Vater oder den männlichen Geliebten zu finden. Eine solche Frau findet wahrscheinlich keine Beziehung zum Demeter-Kore-Mythos, weil sie «nicht glauben kann», wie jemand es nannte, daß «es irgendeine Mutter geben könnte, die um sie trauert oder sie wieder aufnimmt», wenn sie in einen Abgrund gestürzt ist. Sie mag eine intensive Erfahrung im gegengeschlechtlichen Bereich haben, aber ihr fehlt die gewichtige solide Verbindung zwischen dem Ego und dem Selbst. Eine Patientin drückte es zu Beginn ihrer Analyse beinahe wie ein Manifest aus:

> *Ich bestehe darauf, daß Zuwendung von einem Mann zu kommen hat. Zuwendung von Frauen macht mich wütend. Der Mann regiert das Universum. Frauen sind zweite Garnitur. Ich hasse Tunnels und Kali und meine Mutter und diesen weiblichen Körper. Einen Mann will ich – und nichts anderes.*

Die Sprecherin war eine junge Frau, die zur Therapie gekommen war, weil sie – obwohl sie als hervorragende Studentin galt – Schwierigkeiten hatte, ihre Doktorarbeit zu schreiben.

Das Problem ist, daß wir, die wir in unserer Beziehung zum Weiblichen gebrochen sind, oft eine ziemlich erfolgreiche Persona haben, ein gutes öffentliches Erscheinungsbild bieten. Wir sind als zahme, oft intellektuelle Töchter des Patriarchats aufgewachsen und mit dem behaftet, was ich das «Animus-Ego» nenne. Wir versuchen Tugenden und ästhetische Ideale hochzuhalten, die uns das patriarchalische Über-Ich aufgeprägt hat. Aber wir sind durchdrungen von dem tiefen

Gefühl, wertlos, häßlich, ein Versager zu sein, wenn wir dem Vollkommenheitsstandard des Über-Ich einmal nicht gerecht werden.

Eine Frau, die mehr als zehn Jahre in Jungscher Psychoanalyse war, sagte mir kürzlich: «Ich habe Jahre mit dem Versuch zugebracht, etwas zu relativieren, was ich nie besaß: ein wirkliches Ego.» Sie besitzt tatsächlich nur ein Animus-Ich, aber kein Ich, das ihr selbst gehört und mit dem sie zum Unbewußten und zur äußeren Welt in Beziehung treten kann. Ihre Identität gründet darauf, daß ihre Persona angenommen hat, was der Animus ihr als richtig hinstellte, und so paßt sie sich an, rebelliert aber gleichzeitig gegen die Projektionen, mit denen sie behaftet ist. Also hat sie kaum einen Sinn für ihre innere Persönlichkeit und ihren weiblichen Wert und Standpunkt. Denn was im Westen an Frauen wertgeschätzt wird, ist zu oft nur in Beziehung zum Männlichen definiert worden: die gute, fürsorgliche Mutter und Frau, die liebenswürdige, tüchtige Tochter, die sanft unterstützende oder aber brillante, erfolgreiche Partnerin. Viele feministische Schriftstellerinnen haben seit Jahrhunderten immer wieder betont, daß dieses kollektive Muster (und das Verhalten, zu dem es führt) dem Leben nicht dient. Bei dem Versuch, unsere Seele in dieses Muster hineinzuzwingen, verstummen wir in ohnmächtigem Zorn, wir verstümmeln uns selbst, ähnlich wie unsere Großmütter ihren lebendig atmenden Körper um eines Schönheitsideals willen mit Korsetts deformierten.[11]

Zudem fühlen wir uns unbeachtet – es gibt keine lebenden Vorbilder, die unsere Ganzheit und Vielfalt widerspiegeln könnten. Aber wo sollen wir auch nach ihnen suchen, nach den Symbolen, die das ganze Geheimnis und die Macht des Weiblichen auszudrücken vermögen und uns als Modelle für das persönliche Leben dienen können? Die späteren griechischen Göttinnen und Maria, die jungfräuliche Mutter und Mittlerin, haben mich längst nicht so tief berührt wie Inanna-Ereshkigal,

Kali und Isis.[12] Ein Bild der Göttin als Selbst muß einen vollständigen Zusammenhang besitzen. So konnte ich nicht umhin, die weiblichen griechischen Gottheiten nur als Teilaspekte eines ganzheitlichen Musters zu sehen und immer nach den dunkleren Kräften Ausschau zu halten, die in den Geschichten um sie versteckt sind, der Gorgo-Aspekt der Athena, die unterweltliche Aphrodite-Urania, die schwarze Demeter und andere.

Selbst aus den Mythen um Inanna und anderen frühen sumerischen, semitischen und ägyptischen Schriften wird ersichtlich, daß die ursprünglichen Kräfte des Weiblichen «degradiert» wurden. Wie Kramer sagt, wurden die Göttinnen «des höchsten Ranges im sumerischen Pantheon allmählich von männlichen Theologen die Leiter hinuntergetrieben» und «ihre Kräfte gingen über auf männliche Gottheiten».[13] Dies ermöglichte die Geburt und das Wachstum des zerebral-intellektuellen apollinischen Geistes, also das Bewußtsein der linken Gehirnhälfte mit seinen ethischen und begrifflichen Unterscheidungen.[14]

Das bedeutete, daß die ursprüngliche Schöpfer-Göttin differenziert, in verschiedene Aspekte zerteilt wurde. Bei den Sumerern gebar die Göttin des Meeres, Nammu, verschiedene Gottheiten, und die Erde wurde vom Himmel geholt, so wie «Ereshkigal als Beute in den *kur* (Bezeichnung für Unterwelt, Wüste, Wildnis, ein fremdartiger, öder Ort) als Belohnung hinabgeholt wurde».[15] Schon in den ersten im alten Sumer aufgezeichneten Mythen war eine Teilung und Entmachtung des Göttinnenarchetyps vorgenommen worden. Die große Göttin wurde in verschiedene Bestandteile zerlegt, einschließlich Aspekte der Ober- und Unterwelt.

Und so bestand eine Notwendigkeit, durch beide Regionen hindurchzugehen, um den Sinn für die schöpferische Ganzheit wiederherzustellen und das rhythmische Wechselspiel des Lebens erfassen zu können. Inanna als Königin des Himmels war vielleicht die erste in Schriften beschriebene Eingeweihte, die sich dieser Reise unterzogen hatte.

Vier Aspekte des Mythos

Inannas Abstieg zu Ereshkigal und ihre Rückkehr können unter mindestens vier Aspekten betrachtet werden. Zunächst dient die Erzählung als Beschreibung der rhythmischen Ordnung in der Natur: jahreszeitlich bedingtes Wachstum, das Schwinden und Wiederauffüllen der Vorräte,[16] die Umwandlung von Getreide und Traube durch Fermentierung und die Wandlungen des Planeten Inanna (unsere Venus). Dieser Planet ist am Himmel an 250 Tagen als Abendstern und an 236 Tagen als Morgenstern zu sehen. Er scheint unter den Horizont zu tauchen, während er für einige Zeit vor oder hinter der Sonne verschwindet, bevor er auf der anderen Seite des Nachthimmels wieder aufsteigt.

Zum anderen ist es die Geschichte einer Einweihung in die Mysterien. Es gibt ein Tor in die Unterwelt und aus der Unterwelt, das später Inanna-Ishtar-Tor genannt wird. Dieses Tor wird anderen «Reisenden» empfohlen, um sich der Unterwelt bewußt zu werden.[17] Inannas Weg und seine verschiedenen Stadien können als Paradigma für die lebensfördernde Reise in den Abgrund der dunklen Göttin und die Rückkehr von ihr dienen. Inanna zeigt uns diesen Weg, und sie ist die erste, die sich um der Sühne und einer tiefen weiblichen Weisheit willen opfert. Sie steigt hinab, unterwirft sich und stirbt.

Diese Bereitschaft, sich jeglicher Einwirkung auszuliefern, ist die essentielle Erfahrung der menschlichen Seele, wenn sie mit dem Überpersönlichen konfrontiert wird.[18] Sie beruht nicht auf Passivität, sondern auf der aktiven Bereitschaft zu empfangen.

Der Vorgang der Einweihung schließt in der esoterischen und mystischen Tradition des Westens das Ausloten verschiedener Bewußtseinszustände ein. Dabei wird die Erfahrung der Einheit mit Natur und Kosmos wiederentdeckt, die unvermeidlich durch jede einseitig ausgerichtete Entwicklung verlorengeht. Diese notwendige Erfahrung zwingt jene, die für sie bestimmt sind, in die Tiefe der verschiedenen Bewußtseinszustände einzutauchen, die in einem ganz anderen Bereich liegen als die im Westen so sehr verfeinerten intellektuellen Ebenen des «Sekundärprozesses». Sie zwingt uns zur ekstatischen Wandlung durch die Erfahrung der affektgeladenen magischen Dimension, die in diesen archaischen Tiefen verkörpert ist. Diese Tiefen sind nicht durch Sprache oder bildliche Vorstellung auszuloten, sie vermögen uns völlig zu vereinnahmen und bis ins Innerste zu erschüttern.

In diesen Tiefen erlangen wir den Sinn für die eine kosmische Macht. Dort werden wir durch die Intensität unserer Reaktionen gelehrt, daß es einen lebendigen Prozeß gibt, der für Gleichgewicht sorgt. Auf diesen Ebenen wird das bewußte Ego von Leidenschaft und numinosen Bildern überwältigt. Wenn wir auch erschüttert, ja zerschmettert waren, wie wir wissen, nun gehen wir als neustrukturierter Mensch daraus hervor, und von dort werden wir ins gewöhnliche Leben zurückgeworfen. Diese Reise ist das Ziel der Einweihungsmysterien und der Arbeit auf der Astralebene der Magie, ebenso wie sie das Ziel der therapeutischen Regression ist (für Frauen wie für Männer). Diese Reise ist notwendig und fördert das zur Zeit bestehende Interesse an der Kreativitätspsychologie und an den frühen vor-ödipalen Stadien der menschlichen Entwicklung sowie deren krankhaften Ausformungen.

Die Verbindung mit diesen Ebenen des Bewußtseins fordert das Opfer der Oberwelt-Aspekte des Selbst um der anderen dunklen Aspekte willen. Es ist das Opfer, das dem verdrängten, undifferenzierten Grundzustand des Seins gebracht werden muß in der Hoffnung, in einer tieferen, empfänglichen Bewußtheit wiedergeboren zu werden. Es bedeutet auch, daß jene neue Empfänglichkeit nach der Rückkehr in das westliche Durchschnitts-Bewußtsein integriert werden muß. So entsteht das, was Jean Gebser «integrales Bewußtsein» nennt.[19] Aus dieser Sicht wird die Geschichte von Inannas Abstieg zur Enthüllung eines Einweihungsrituals und ist heute für den weiblichen Erfahrungsbereich unmittelbar wichtig.

Der Mythos ist auch eine Beschreibung, wie psychische Gesundheit des Weiblichen in Frauen und Männern aussehen kann. Er stellt ein Modell für den Kreislauf von Inkarnation und Auferstehung der gesunden Seele dar und damit einen Prozeß, der die Heilung fördern kann. «Die Seele kommt ‹von den Sternen› und kehrt in die stellaren Regionen zurück», schreibt Jung.[20] Wie wir sehen werden, kann Inannas Abstieg auch als die Inkarnation ungezügelter kosmischer Kräfte in zeitgebundenes, verfaulendes Fleisch erfahren werden. Dieser Abstieg hat aber auch zum Ziel, lange verdrängte Werte wiederzugewinnen, um Oben und Unten zu einem neuen Muster zu vereinen.

Durch diesen Mythos fand ich mich selbst oft in tiefen analytischen Prozessen wieder. Denn er zeigt in seiner Analogie, wie sich das bewußte Ideal der Persönlichkeit den dunklen Kräften der irdischen Wirklichkeit und des Unbewußten wieder annähern kann. Wir nennen es das Ego-Ideal oder das hypertrophe, vom Über-Ich besessene Animus-Ego, wenn es durch die Abwertung der Materie und des Weiblichen entwurzelt und verletzt wurde. Schicht für Schicht können Schutzmechanismen und Identifizierungen mit der Persona abgebaut werden – in einer behutsamen Rückkehr zu jenen Urgründen, wo der Tod aller falschen Muster und die Geburt des authentischen, echten und ausgeglichenen Ego uns erwartet. Dieser Mythos zeigt uns, wie jene ins Dunkel verdrängten Ebenen ans Licht gebracht werden können und ins bewußte Leben durch emotionellen Umbruch und Kummer eintreten, um die bewußten Energiemuster von Grund auf zu verändern.

Schließlich kann dieser Mythos zu einer Orientierung in unserem heutigen gefährlichen Zeitalter werden, indem die Kräfte der Göttin in der westlichen Kultur wieder aufleben. Die Rückkehr Inannas aus der Unterwelt war zunächst dämonisch (obschon sie der Erde, die in der Abwesenheit der Göttin verödete, die Fruchtbarkeit zurückbrachte). Aber sie erzeugte schließlich doch ein neues Modell der auf Gleichheit beruhenden partnerschaftlichen Beziehung zwischen Frau und Mann (siehe auch Kapitel IX).

Unser Planet geht gerade durch eine Phase, in der die Göttin wiederkehrt, wie es zu Beginn des Patriarchats in diesem Mythos geweissagt wurde. Die Betonung lag damals auf dem Abstieg der Göttin, dem Verlust ihrer Energien und Symbole für die Kultur, und der darauffolgenden Wiedergewinnung jener Kräfte, die durch Ereshkigal symbolisiert werden. Unser Zeitalter vermag den vollen «Kreislauf» *(circulatio)* des Geschehens richtig einzuschätzen, denn in der Vergangenheit erlitt das Weibliche eine zunehmende Unterdrückung und Verdrängung in die Unterwelt.

II Oben und Unten: Seinsweisen des Weiblichen

Die Göttin Inanna

Die Göttin Inanna (ihr semitischer Name ist Ishtar) stellt eine vielschichtige Symbolfigur, ein ganzheitliches Muster des Weiblichen dar, das über den rein mütterlichen Aspekt hinausgeht. Andere Göttinnen in Sumer waren große Meeres- und Erdmütter. Im Doppelaxtsymbol der alten Göttinnen vereint Inanna in ihrem Kult Himmel und Erde, Geist und Materie, Licht und Form, himmlische Führung und irdische Fülle. Sie hatte wohl ursprünglich mit Getreide und dem Gemeindespeicher zu tun, wo Datteln, Getreide und der Viehbestand untergebracht waren. Zu ihren ältesten Emblemen gehört dieser Speicher und ein verschlungenes Tuch oder Bündel, vielleicht aus Schilfrohr, als Verschluß des Speichers. Der Gott der Datteln war einer ihrer ersten göttlichen Liebhaber.[21] Sie steht so auch als Symbol für Fruchtbarkeit schlechthin wie Demeter und Ceriddwen.[22] In einem Lied wird beschrieben, wie sich Getreide und Hülsenfrüchte aus ihrem Unterleib ergießen.[23]

Von Beginn an gilt sie auch als Göttin des Himmels und ist auf alten Siegeln und Vasen als Stern zu finden. Als Göttin des sanften Regens, der furchtbaren Stürme und Fluten und des bedeckten Himmels (dessen Wolken als ihre Brüste gelten) wird sie Königin des Himmels genannt und als Gemahlin des alten Himmelsgottes An betrachtet. Seit ältesten Zeiten ist sie auch die Göttin des strahlenden, wandernden Morgen- und Abendsterns, der das Leben erweckt und es zur Ruhe bringt, zugleich die Regentin des Zwischenreiches, die ihrem Bruder, dem Sonnengott, und ihrem Vater, dem Mondgott, jeweils den Weg für ihren Auf- und Untergang bereitet. Sie repräsentiert die Übergänge und die unberechenbaren Energien, die nicht in bestimmte Bahnen gelenkt werden können. Sie ist nicht das Weibliche als Nacht, sondern symbolisiert eher das Bewußtsein der Übergänge und Grenzbereiche, Kreuzungen und Schnittpunkte, die für Kreativität, Veränderung und alle Freuden und Zweifel des menschlichen Bewußtseins stehen, das verspielt, wechselhaft und sich nie für lange Zeit sicher ist.

Als Abendstern hält sie zur Zeit des Neumondes Hof, um sich die Bitten der Götter anzuhören und mit Musik, dem Spiel blutiger Schlachten und viel Festgepränge gefeiert zu werden. Sie ist zuständig für die *me,* die Ordnungsprinzipien, Kräfte, Fähigkeiten und Rituale der zivilisierten Oberwelt. Und als Richterin «verhängt sie Schicksale» und läßt «die Ungehorsamen zertrampeln». Sie symbolisiert damit die Fähigkeit des Gefühls, seine Welt immer wieder neu zu ordnen, die zum Leben als Prozeß der Veränderung gehört. Als Königin des Ackers und seiner Fruchtbarkeit setzt sie denjenigen, der zum Hirten der Menschen auserkoren ist, als König ein und lädt ihn ein, Bett und Thron mit ihr zu teilen. Der Thron wurde aus dem Weltenbaum hergestellt, den Gilgamesch in ihrem Garten fällte.[24] Ihrem Gefährten übergibt sie Thron, Zepter, Stab, Krummstab und Krone wie auch das Versprechen einer guten Ernte und der Freuden ihres Bettes.

Aber sie ist auch die Göttin des Krieges. Die Schlacht wird «der Tanz Inannas» genannt, und den Sieg bringend, ist sie «der Köcher in der Hand, das Herz der Schlacht, der Arm der Krieger».[25] Sie ist leidenschaftlicher als Athena (mit den Energien des wilden Instinkts begabt, der später Artemis zugeschrieben wurde) und wird in einer Hymne als «alles in ihrer Macht verschluckend», «wie im Sturm angreifend» beschrieben. Sie kommt «mit furchterregendem Antlitz» und «zornigen Herzens»,[26] und sie singt mit größtem Entzücken von ihrer eigenen Herrlichkeit und Macht: «Der Himmel ist mein, die Erde ist mein. Ich, ein Krieger bin ich. Gibt es einen Gott, der sich mit mir messen könnte?»[27] «Die Götter sind Spatzen, ich bin ein Falke. Die Anunnaki (die Götter) lungern träge herum – ich aber bin eine herrliche wilde Kuh.»[28]

In einem Mythos wird beschrieben, wie sie den Drachen von *kur* bekämpft und tötet. Ihr Tiergefährte ist der Löwe, und sieben Löwen ziehen ihren Wagen. Auf alten Siegeln wird sie auch manchmal von einem Skorpion begleitet.

Ebenso leidenschaftlich verkörpert sie die Göttin der sexuellen Liebe. Sie singt ekstatische Lieder über die Sehnsüchte des Liebens und wie sie sich für die Liebe schmückt. Sie ruft ihren Geliebten zu sich, ihren «honigsüßen Mann», der «mich immer wieder entzückt».[29] Sie lädt ihn ein, ihren «heiligen Schoß» und ihre «lebenspendenden Zärtlichkeiten» zu genießen und mit ihr die Süße sexueller Liebe im geheiligten Ehebett zu teilen. Sie ist extrovertierter als Aphrodite, sie fleht, fordert, nimmt und zerstört, leidet und erfindet immer neue Klagelieder. Sie weckt nicht so sehr das Begehren an sich, sondern verlangt selbstbewußt die Befriedigung ihrer Wünsche und feiert dabei singend ihren eigenen Körper.

Ihre Empfänglichkeit ist aktiver Natur. Sie preist ihre Vulva und fordert Dumuzi, den «Mann meines Herzens»[30] auf, ihren Körper anzufüllen, ihre Vulva zu pflügen. So ist sie auch die Göttin der Kurtisanen, und als Hure «lockt sie die Männer aus dem Wirtshaus», wenn sie als Abendstern aufsteigt. Im Himmel wird sie Brautjungfer und Hierodule (Hohepriesterin und heilige Dirne) der Götter genannt. Sie ist auch Heilerin, Lebensspenderin und Dichterin von Liedern, denen sie als Schöpferin aller Dinge Leben einhaucht. Auch der Bereich des emotionalen Verhaltens wird als ihre Domäne betrachtet:

> Quälerei, Beschimpfung, Verhöhnung, Schändung – und die Verehrung – werden von Dir regiert, Inanna.
> Niedergeschlagenheit, Elend, Herzweh – und Freude und Heiterkeit – werden von Dir regiert, Inanna.
> Zittern, Angst, Entsetzen – und blendende Herrlichkeit – werden von Dir regiert, Inanna.[31]

Die zahlreichen Gedichte beschreiben sie als liebevoll, eifersüchtig, bekümmert, voll Freude, ängstlich, exhibitionistisch, räuberisch, leidenschaftlich, ehrgeizig, großzügig und vieles mehr. Zu ihr gehört der gesamte Bereich der Affekte.

Oft wird Inanna «Tochter» der Götter genannt, oder «Jungfrau». Und tatsächlich wird sie in späteren Hymnen oft als «geformt durch die Bindung an den Vater»[32] beschrieben, obwohl die Gedichte auf eine enge und warme Beziehung zu ihrer Mutter schließen lassen. Obgleich sie zwei Söhne hat und die Könige und das Volk der Sumerer als ihre Kinder gelten, können wir sie nicht mütterlich in unserem Sinne nennen. Wie die Göttin Artemis steht sie in der «Grenz-Region zwischen Mütterlichkeit und mädchenhafter Lebenslust, und Lust nach Mord, Fruchtbarkeit und Tierhaftigkeit».[33] Sie ist die Quintessenz der positiven Puella, der ewig jungen, dynamischen, sinnlich-leidenschaftlichen Jungfrau-Hure (wie Esther Harding es ausdrückt: «eins mit sich selbst»). Nie ist sie die brave Hausfrau und Mutter des Patriarchats. Sie erhält sich immer ihre Anziehungskraft und ihre Unabhängigkeit, ob als Geliebte, als junge Braut oder als Witwe. Und sie ist ihren Söhnen keine Mutter-Geliebte. Diese Rolle scheint mir eine Erfindung des Patriarchats zu sein; sie muß der Zeit entstammen, als die Frau, ihrer Macht beraubt, ihr Potential nur mit Hilfe der Projektion auf ihre geliebten und beneideten Söhne ausleben konnte.[34]

Doch trotz ihrer Macht als Göttin der Fruchtbarkeit, Ordnung und Liebe, des Krieges, des Heilens, des Himmels, der

Gefühle und des Liedes und trotz ihrer Titel «Herrin über Myriaden Ämter» und «Königin» ist Inanna eine Vagabundin. Wie Ereshkigal wird auch sie von Enlil, dem Himmelsgott der zweiten Generation, vertrieben. Sie ist tief in der vorpatriarchalischen Sphäre verwurzelt, aber aus der Sicht des Patriarchats – mit Gilgamesch als Wortführer – gilt Inanna-Ishtar als unstet und unzuverlässig, als gewisse Quelle des Kummers ihrer geliebten Gatten.[35] So wendet sich schließlich Gilgamesch, der ihr einst seine menschliche Stärke zum Bau von Bett und Königsthron verliehen hatte, gegen sie und beschimpft und beleidigt sie, die Göttin des Landes, um ihre Macht für sich beanspruchen zu können. In einem Lied an Enlil beklagt Inanna den Verlust ihrer Wohnstatt:

> Mich, die Frau, hat er mit Schrecken erfüllt ...
> Hat mich, die Königin des Himmels, erfüllt mit Bestürzung ...
> Ich, die Frau, der das Land gehört, sag mir, wo ist mein Haus?
> Sag mir, wo ist die Stadt, in der ich leben kann ...
> Ich, die ich Deine Tochter bin, die Tempelsklavin, deine Brautjungfer,
> Sag mir, wo ist mein Haus ...
> Der Vogel hat sein Nest, meine Jungen aber sind vertrieben,
> Der Fisch liegt im stillen Wasser, ich aber habe keinen Ruheplatz.
> Der Hund ruht auf der Schwelle: ich aber habe keine Schwelle ...[36]

Dieses Lied mag geschrieben worden sein, um irgendein Unglück an ihrem Haupttempel in Erech zu beklagen. Aber es ist gleichzeitig die vielleicht älteste und sehr deutliche Beschreibung der Situation der Frau und Göttin als Verbannte. So wie später die «babylonischen Frauen von Israel», die vom Patriarchat aus ihrem Heim vertrieben wurden,[37] weiß und singt auch die große vorbabylonische Göttin von ihrer Ausstoßung. Tatsächlich ist die Suche nach dem Zuhause eines der Traumthemen, das in der ersten Phase der analytischen Arbeit mit modernen Frauen, den Töchtern des Patriarchats, immer wieder auftaucht.

Ein großer Teil dessen, was Inanna für die Sumerer symbolisierte, wurde seither tatsächlich aus dem Bewußtsein verbannt. Die Qualitäten der Oberwelt-Göttin wurden im Westen größtenteils entweiht oder von männlichen Gottheiten übernommen, und/oder sie wurden durch den ästhetischen und moralischen Kodex des Patriarchats übermäßig komprimiert oder idealisiert. Auf diese Weise wurden die meisten griechischen Göttinnen von ihren Vätern verschlungen, und die hebräische Göttin wurde entmachtet. Uns bleiben nur noch spezialisierte Göttinnen oder solche, deren Machtbereich auf ein Mindestmaß reduziert wurde. Folglich gingen fast alle ihre Qualitäten dem weiblichen Leben verloren: ihre leidenschaftlich-erotische Verspieltheit, ihre kraftvolle, unabhängige Selbstgenügsamkeit, ihre ganze ehrgeizige, königliche und vielschichtige Weiblichkeit.

Im Patriarchat lebten seither die Frauen hauptsächlich in ihrer persönlichen Sphäre, in ihrer engdefinierten Rolle an der Peripherie der westlichen Kultur. Oft unterwarfen sie sich dem Mann, dem sozialen Status, den Kindern usw. und verschleierten ihr Bedürfnis nach Macht und Leidenschaft.[38] Sie lebten in Sicherheit und im Schatten der überlasteten Männer, auf die die Macht projiziert wurde und denen sie in unserer Kultur zusteht. Was allgemein als weibliches Verhalten akzeptiert wird, verlor seine Beziehung zum Heiligen in dem Maße, wie die Göttin allmählich zum Schweigen gebracht wurde. Das patriarchalische Über-Ich, das ursprünglich dazu da war, ein Empfinden für die Ethik zu prägen, wurde später durch die Institution der christlichen Kirche noch gestärkt, um die wilden Emotionen der mittelalterlichen Stammesfehden unter

Kontrolle zu halten.[39] Nützlichkeitsdenken und Spießbürgertum haben dann später die Lebensenergien derart unterdrückt und eingeengt, daß sie nun zum Ausbruch kommen müssen und unter anderem auch die Rückkehr der Göttin in die westliche Kultur erzwingen.

Auf diese Weise unterdrückt, wurde die Freude des Weiblichen als oberflächliche Leichtfertigkeit verunglimpft, ihre lustvolle Heiterkeit zur Lüsternheit herabgesetzt oder in sentimentale Mütterlichkeit umgemünzt, ihre Lebenskraft in Pflichterfüllung und Gehorsam erstickt. Diese Entwertung brachte die Töchter des Patriarchats hervor, denen der Boden unter den Füßen weggezogen, ihre weibliche Stärke und Leidenschaftlichkeit beschnitten und ihre Träume und Ideale in unerreichbare Fernen gerückt wurden. Sie wurden in einem großartigen Geist aufgezogen, der mit den ursprünglichen Instinktmustern der Königin von Himmel und Erde nichts mehr zu tun hatte und schließlich in frustrierte Rasereien mündete. Die unbewußt in jeder Frau lebende Inanna wird dann nur allzuoft dämonisch. Die Schauspielerin June Havoc liefert in der Beschreibung der Frauen in ihrer Familie ein eindrucksvolles Beispiel dafür, wie die überschäumenden Energien der Göttin erstickt werden und dann vor sich hin gären können:

> Alle Frauen [unserer] Familie ... hatten die Eigenschaften des Ehrgeizes, der Stärke und eines erbitterten Unabhängigkeitsstrebens gemeinsam; sie heirateten früh, ließen sich schnell wieder scheiden und unterlagen schließlich alle dem Alkohol, den Drogen oder dem Irrsinn. Sie sehnten sich nach völliger Freiheit, und da sie nicht wußten, wie sie diese erreichen sollten, waren sie gräßlich frustriert. Männer bedeuteten ihnen nichts weiter als eine Annehmlichkeit; sie waren unfähig zu lieben.[40]

Wenn Inanna andererseits bewußt als Symbol der leidenden, verbannten Weiblichkeit gelebt wird, kann sie unter Umständen zum Bild der Göttin werden, die das Leiden und die Erlösung der modernen Frau zu tragen vermag. Da sie vielen von uns näher steht als der Christus der Kirche, erweckt sie in uns ein archetypisches Muster, das der Suche der Frau erst Bedeutung verleiht.[41] Sie kann den christlichen Mythos für diejenigen ersetzen, die zu einer männlichen Gottheit keine Beziehung finden können. Inannas Leiden, ihre Entkleidung, Erniedrigung und Geißelung, ihr Tod, ihre «Kreuzigung» am Pfahl und ihre Auferstehung nehmen die Leidensgeschichte Christi vorweg und stellen vielleicht das erste archetypische Bild der Gottheit dar, die sich um der Erlösung der wüsten Erde willen opfert. Inanna opferte sich nicht für die Sünden der Menschheit, sondern für die notwendige Erneuerung allen Lebens auf der Erde. Sie ist mehr am Leben interessiert als an Gut und Böse. Gleichwohl stellt ihr Abstieg und ihre Wiederkehr das Modell unserer eigenen psychologisch-spirituellen Reise dar.

Während in der Leidensgeschichte Christi der zerstörerische Akt ein reines Produkt menschlicher Bosheit und Angst war – und als solches in der Lage, ein Vorbild für menschliche Rache und das Anbieten eines Sündenbocks zu erstellen –, entspringt er im sumerischen Gedicht einer überpersönlichen göttlichen Quelle. Die Göttin zerstört ebenso, wie sie zu erlösen vermag. Dies führt uns zur Betrachtung von Ereshkigal, Inannas dunkler «Schwester».

Ereshkigal, die dunkle Göttin

Die andere Hauptfigur dieses Mythos ist die Göttin Ereshkigal, Königin des Jenseits und der Toten. Ihr Name bedeutet «Herrin des großen unteren Ortes», aber vor ihrer Verbannung in den *kur,* die Einöde jenseits des patriarchalischen Bewußtseins, war sie eine Göttin des Getreides und lebte in den oberen Regionen.[42] Sie symbolisiert so das Große Runde der Natur, vom Getreidesamen unter der Erde zum Wachstum des Getreides oben und seinem Absterben und Wiederaufkeimen. Im matriarchalischen Bewußtsein stellt sie das Kontinuum dar, worin verschiedene Phasen einfach als Umgestaltungen ein und derselben Energie erfahren werden. Für das Patriarchat aber bedeutet der Tod eine Vergewaltigung des Lebens, einen Gewaltakt, den es zu fürchten und (aus der Distanz moralischer Ordnung) so gut wie möglich unter Kontrolle zu halten gilt.

In einem Mythos, der die Geschehnisse um die Geburt des Mondgottes beschreibt, finden wir diese beiden Sichtweisen nebeneinander. In der Oberwelt wurde Ereshkigal als Göttin des Getreides Ninlil genannt, die Frau des Enlil, des Himmelsgottes der zweiten Generation. Ninlil wurde von ihrem Gatten, der sich ihr in verschiedenen Verkleidungen zeigte, mehrere Male vergewaltigt.[43] Um die junge Göttin zu schützen, straften die Götter Enlil für seine Gewalttätigkeit, indem sie ihn in die Unterwelt schickten. Aus Liebe zu ihrem Gatten folgte Ninlil ihm dorthin und wurde dann als Ereshkigal bekannt, während Enlil weiterhin als der regierende Himmelsgott erschien, der aber möglicherweise eine Unterwelt-Form angenommen hatte. Ebenso wie der Zeus der Unterwelt Hades genannt wurde,[44] ist es gut möglich, daß Enlil mit dem Gugalanna des Abstiegsmythos identisch ist, dem großen Stier des Himmels und Gatten Ereshkigals, der getötet wurde.

Aus der Perspektive des Patriarchats etabliert die Vergewaltigung der Göttin die Herrschaft des Männlichen über das bewußte kulturelle Leben (vielleicht auch über die Landwirtschaft) und verbannt die Macht und Fruchtbarkeit des Weiblichen in die Unterwelt. So wurde denn, als Gott An sich des Himmels bemächtigte, Enlil die Erde wegtrug und das Bewußtsein Raum genug hatte zu wachsen, «Ereshkigal vom Großen Unten als Beute ergriffen».[45] Aber aus der Perspektive des magisch-matriarchalischen Bewußtseins stellt die Göttin keine Beute dar, die man aus dem Leben wegtragen kann, noch ist der Tod Vergewaltigung oder Zerstörung des Lebens, sondern eine Transformation, der sich die Göttin willentlich unterwirft und über die sie bestimmt.[46]

Das Gedicht über Inannas Abstieg erzählt, daß aus der ersten Vergewaltigung der Ninlil-Ereshkigal der Mondgott Nanna-Sin hervorging, der als in der Unterwelt Geborener aufsteigt, um die Dunkelheit zu erhellen und mit seinen zunehmenden und abnehmenden Zyklen die Zeit einzuteilen. Nanna-Sin ist tatsächlich der Vater Inannas (wie auch der des Sonnengottes), und seine Mutter, Ninlil-Ereshkigal, ist im Stammbaum Inannas Großmutter – ein Aspekt des unbegrenzten ursprünglich Weiblichen, das vergewaltigt und verstümmelt worden ist und dennoch Früchte trägt. Für das Patriarchat wurde Ereshkigal so zum Symbol des gefürchteten Todes und in die Unterwelt verbannt.

Der Kern des Gedichtes erinnert jedoch an ihre archaische Macht, und seine letzte Zeile läßt ahnen, wie herrlich es ist, sie schließlich als Symbol des Großen Runden zu erkennen.[47]

Eigenschaften von Ereshkigal

Paradox

Es wird erzählt, daß aus den anderen Vergewaltigungen Monster hervorgingen. Das Große Runde bringt ein chaotisches Gefüge hervor, das dem heroischen Weltbild des Patriarchats mit seiner vernunftbetonten Ordnung und Kontrolliertheit monströs erscheinen muß. Ereshkigal verachtet das differenzierte Bewußtsein. Sie ist ein Paradox. Sie ist sowohl das Gefäß als auch der Pfahl. Sie ist die Wurzel aller bewegten und unbewegten Dinge, wo Energie und Bewußtsein noch schlafen. In ihr liegt das potentielle Leben noch bewegungslos, aber schon in den ersten Geburtswehen, jenseits jeder Sprache und ihrer Unterscheidungen und doch schon im Urteilen und Handeln begriffen. Sie ist die Energie, die sich selbst in die Unterwelt verbannt, zu ehrfurchtgebietend, als daß ihr Anblick erträglich wäre – wie Urerfahrungen der Kindheit und die Dunkelheit des Mondes, Orte der Vergessenheit, die für das Tagesbewußtsein gefährlichen Boden bedeuten, die ursprüngliche Matrix. Und sie besitzt die Weisheit jener bitteren Absonderung – sie empfängt Wunden und schlägt Wunden und geht aus dem Kampf immer wieder unvermeidlich als die todbringende Siegerin hervor. Der Mythos zeigt, wie empfindlich sie auf Impulse, die von oben kommen, reagiert, obschon sie das «Land ohne Wiederkehr» regiert, jenes Reich, das jenseits des Horizonts des Bewußtseins liegt.

Die Geschichte ihrer Vergewaltigung erinnert an den Mythos um Persephone, aber in Ereshkigal wird noch die ursprünglichere paradoxe Potenz in ihrer rohen Form sichtbar. Wir können viele Züge der Gorgo und der schwarzen Demeter in ihr finden: ihre Ausstrahlung von Macht und Schrecken, die Schlangen auf ihrem Kopf, ihre entsetzlichen Augen, die jegliches Leben erstarren lassen, und ihre intime Beziehung zu Nichtsein und Schicksal. Sie repräsentiert die Gesetze der Unterwelt, indem sie mit ihren sieben Richtern[48] in Erwartung all derer zu Gericht sitzt, die durch die sieben Tore ihres Lapislazulipalastes zu ihr gelangen. In anderen Erzählungen ist ihr Gemahl Ninazu (der Herr des Heilens) oder Nergal (der Gott der Pest, des Krieges und des Todes).[49]

Primäraffekt

Im Gedicht über den Abstieg zeigt sich Ereshkigal zunächst zornig über Inannas Eindringen in ihr Reich, dann aktiv zerstörend, dann leidend und schließlich dankbar und großzügig. Im Zorn wird ihr Gesicht gelb, ihre Lippen schwarz,[50] sie schlägt sich auf die Schenkel und beißt sich selbst vor Wut.[51] Sie fürchtet, daß Inanna die Toten, ihre eigenen Bediensteten, aufweckt, sie so um ihr Bier und Brot bringt und sie dadurch zwingt, wie die Toten selbst, von Staub und Wasser zu leben.[52] An dieser Stelle repräsentiert sie Zorn an sich. Sie rast vor Wut, Gier, Angst vor Verlust bis hin zur Selbstverachtung. Sie symbolisiert hier rohen Instinkt, der vom Bewußtsein getrennt ist – Not und Aggression in der Unterwelt. Zu ihrer Verteidigung schickt sie dem Eindringling ihren männlichen Torhüter entgegen.

Diese Bilder legen nahe, daß jene chaotischen Verteidigungsrasereien, jene Wut und Gier und selbst das Entfesseln des Animus unvermeidlich Teil der archetypischen Unterwelt sind. So reagiert das Unbewußte, wenn Unwillkommenes eindringt.

Wir erleben es, wenn ein Komplex durchleuchtet wird, denn das Unbewußte hat seine eigenen, sehr wirkungsvollen Schutzmechanismen, die nach dem Mythos Teil der Großen Göttin sind. Wir können dann erleben, wie diese zwingenden, unbewußten Energien das Ego überwältigen. Wenn die bewußte Persönlichkeit aufgefordert wird, sich mit derartigen Affekten auseinanderzusetzen, blockt sie ab, fühlt sich beschämt, fürchtet von einer Kraft zerschmettert zu werden, die stärker ist als sie selbst, und zieht sich oft in Angst und Absonderung aus dem Leben zurück. In genau jenen Momenten müssen diese Energien als Aspekte der Göttin geehrt werden, denen man sich beugt, indem man ihnen bewußt den Zutritt erlaubt.

Energie

Aus der Perspektive dessen, was Inanna in der Unterwelt widerfährt, können wir sehen, daß die Kräfte, die Ereshkigal symbolisiert, nicht nur aktive Zerstörung bedeuten, sondern auch Transformation über jene langsamen organischen Zelle um Zelle verändernden Prozesse wie Verfall und Schwangerschaft, die auf den passiven Empfänger selbst gegen seinen oder ihren Willen einwirken. Diese unpersönlichen Kräfte verschlingen und zerstören, brüten und gebären unerbittlich und ohne Anteilnahme. (Schwangerschaft selbst kann so erfahren werden.) Hier wirken sie nun auf Inanna ein und versetzen sie in den ursprünglichen Zustand träger Materie – einer Materie, die passiv jeder Veränderung unterworfen ist: Sie verfault.

Psychologisch werden Ereshkigals Kräfte teilweise als negativ angesehen – aus der Sicht des aktiven, abstrakten Logosbewußtseins des Patriarchats. In diesem Fall verursachen jene Kräfte dann ein hoffnungsloses Chaos, eine erschütternd taube, öde Leere.

Wenn wir Ereshkigals Reich erfahren, kann es uns als unbegrenzt, irrational, uranfänglich und am Individuum völlig unbeteiligt, ja es sogar zerstörend erscheinen. Es enthält eine Energie, die wir durch das Studium der schwarzen Löcher und der Auflösung der Elemente kennenlernen können wie auch durch die Vorgänge von Fermentation, Krebs, Verfall und jene Aktivitäten des Kleinhirns, die Peristaltik, Menstruation, Schwangerschaft und andere Körperfunktionen steuern, denen wir ausgeliefert sind. Es ist die zerstörerisch-transformierende Seite des kosmischen Willens. Ereshkigal ist wie Kali, die mittels Zeit und Leiden «die ganze Vielfalt erbarmungslos und ohne Unterschied in ihren Feuern vernichtet»[53] und doch neues Leben hervorbringt. Sie symbolisiert den Abgrund, der gleichzeitig Anfang und Ende, den Urgrund allen Seins darstellt.

Materie

Ereshkigals Energien haben auch mit der scheinbaren Stagnation und zusammengewachsenen, vereinigenden Solidität der Materie als einem kosmischen Prinzip zu tun. Sie stellen die elementaren, konservierenden Kräfte des Muladhara-Chakras dar, seine Überlebenskräfte und sein Verlangen nach grundlegend gleichbleibender Sicherheit.[54] Hier ist es, wo Energie als Trägheit «im statischen Zustand massiver Materie schläft»,[55] im niedrigsten Schwingungszustand der kosmischen Energie.

Diese scheinbare Stagnation beinhaltet die Möglichkeit reinigender Versenkung in die Dunkelheit des Unbekannten. Aber sie fordert außerdem große Geduld von denen, die beim Eintauchen unvermeidlich der Verzögerung und Auflösung begegnen. Ereshkigals Reich repräsentiert die eine sichere Tatsache unseres Lebens – daß wir alle sterben. Doch gerade um dieser Tatsache willen stellt sie die Manifestation des Unbekannten dar, des Bereichs, wo das Bewußtsein des aktiven Lebens im Schlaf liegt. Wir sind uns unserer selbst kaum bewußt, wenn keinerlei Bewegung da ist, die unsere Sinne wecken könnte. Wir sind dann auf jene dunkle Seite der Intuition beschränkt, den Orientierungssinn des Muladhara, der uns automatisch auf das unbegrenzte und unsterbliche Potential ausrichtet, das allen passiv erfahrenen, manifesten und doch flüchtigen Augenblicken innewohnt. Hier sind sowohl Trägheit als auch elementarste Heilung zu finden, das nackte Überleben, die Erde und der Neubeginn. Hier befindet sich das Selbst im *status nascendi* – als in der Materie verstecktes Juwel –, und hier findet die Aktivität ihr Ende als Rückkehr zu Ruhe und Tod.

Natürliche Gesetzlichkeit

Ereshkigals zweiter Name ist Namtar, «Schicksal». Ihr Reich hat seine eigene Gesetzmäßigkeit, der sich die sumerischen Himmelsgötter beugen. Es ist das «Gesetz des Großen Unten», das Gesetz der Wirklichkeit – der Dinge, wie sie sind –, das Naturgesetz in seinem prä-ethischen, oft furchterregenden Zustand, der der Beurteilung durch das Über-Ich des Patriarchats oder unseren persönlichen Wünschen vorausgeht.

Eine Frau, die zur Therapie in ihren mittleren Jahren kam und mit einem kompetenten aktiven Animus-Ego gelebt hatte, bis ihre Kinder von zu Hause weggingen, litt unter schwerer Darmentzündung. Sie schrieb über ihre «Rückkehr zum Ursprung jenseits aller Tricks und Kontrollen»:

> *Ich wuchs, wie ich nun sehe, unter einem falschen Gesetz auf – es gibt noch ein anderes. Das wahre Gesetz ist Schlucken, Atmen, Scheißen, all diese Vorgänge des Körpers. Es gibt kein Richtig oder Falsch, da ist nur, was i s t. Es gibt weder Gut noch Böse, nur das Notwendige. Es ist die göttliche Ordnung, die ich in meinem eigenen Körper entdecke, keine aufgezwungene Ordnung, sondern eine erlaubte. Das Gleichgewicht der Kräfte verändert sich ständig, aber es bildet sich von selbst, wenn ich warten kann. Es ist ein Gleichgewicht unter Spannung, kein totes Gleichgewicht. Selbst in diesem chaotischen*

analytischen Prozeß herrscht Ordnung, selbst in meinen Wutausbrüchen und Depressionen. Jeweils eine andere Art von Gesetz, Zeit und Leiden.

Bei dieser Frau war schon in der ersten Woche ihres Lebens die Darmtätigkeit durch Abführzäpfchen reguliert worden. Sie sagte beim Abschluß der Therapie: «Wie ich sehe, war das Ganze ein Prozeß von der Darmentzündung bis zum gekonnten Scheißen.» Ihre Einweihung in den Bereich der Dunklen Göttin und die tantrische Ebene des analen Muladhara ging sehr tief und hat mich eine Menge gelehrt.

Die analytische Erfahrung mit Ereshkigal

Zu dieser grundlegenden Yin-Basis, dieser Essenz, haben viele Töchter des «negativen Vaters»[56] kaum oder gar keine Beziehung. Manchmal rufen Augenblicke des Entsetzens sie in negativer Weise hervor – wie zum Beispiel eine Frau anläßlich einer Lungenentzündung fühlte, wie sich ihr Brustkorb mit Erde füllte, oder eine andere im Angstzustand ihre Seele so tief in sich zurückzog, daß sie sich nur noch als traurigen Stein, unberührbar, empfand. Durch die Arbeit mit Symbolen gewannen beide wieder den Sinn für das dem statischen, gelähmten Zustand innewohnende Potential des Lebens. Hinter der Erfahrung der ersten Patientin verbarg sich für sie die Wärme der Erde, die langsame Geduld, die ihr erlaubte, sich zur Selbstheilung ihrem physischen Körper zuzuwenden. Jenseits des Steines, der Erfahrung der zweiten Frau, lag das geheiligte, zeitlose, zerbrechliche Leben der Wüste, die sie liebte, und der Pueblokultur, die die Natur und sogar ihre Steine immer noch hochschätzt.

Ereshkigals Kräfte werden als Depression[57] erfahren, wenn sie nicht respektiert werden. Abgrundtiefes Leiden, Hilflosigkeit und Sinnlosigkeit können durchlebt werden – unmögliche Wünsche, eine transformativ-zerstörerische Energie, eine schädigende Selbständigkeit (ein Bedürfnis nach Absonderung und Selbstumkreisung), die das Individuum von anderen abspaltet und seinen Sinn für den eigenen Willen und Wert vernichtet.

Eine Frau, die unter Ereshkigal leidet, hat, ohne dessen gewahr zu sein, ihr Animus-Über-Ich an erste Stelle gesetzt und wird von ihm überwältigt. Sie ist sich ihrer Primär-Affekte nicht mehr bewußt und von ihnen abgeschnitten. Und doch kann sie sehr leicht in den Sog der Unterwelt geraten, oder vielleicht folgt sie einem geliebten Mann mit psychopathischen oder psychotischen Tendenzen, der sie in die Tiefe zieht. Oder sie sucht die Unterwelt wie unter Zwang und versteckt sich vor dem Leben. Dabei entwickelt sie oft die Sucht nach verschiedenen Mitteln, um die Leiden der Veränderung zu dämpfen, die für ihre beschränkte Leidensfähigkeit zu gewaltig sind. Sie mag sich auch unbewußt mit den von der Kultur als ineffizient und minderwertig beurteilten Erscheinungsbildern identifizieren, was sie durch eine Art negativer Einzigartigkeit zur Introvertiertheit zwingt.[58]

Ebenso wie Ereshkigal kann eine Frau sich als in Zeitlosigkeit stagnierend, jeglicher Bewegung unfähig erfahren, in der reinen Verzweiflung und Leere, die der Vergewaltigung durch den Animus folgt,[59] oder in Identität mit der Göttin als großen Schlund, der jegliches Leben verschlingt. Sie leidet oft unter psychosomatischen Symptomen, unter Störungen des Unterleibs, der Verdauungsorgane oder unter zellularen Auflösungsprozessen.

Es ist ein großer Trost, zu wissen, welchem Altar wir uns zuwenden können, wenn wir mit derlei Zuständen konfrontiert sind. Aber Ereshkigal möchte nicht auf die übliche Art und Weise verehrt werden. Wie die elementaren chthonischen Götter, denen Feueropfer dargebracht wurden,[60] fordert sie den Tod, die völlige Zerstörung jeglichen Empfindens eigener Individualität und völlige Wandlung. Sie fordert ungeheures Mitgefühl, das sich ihr unterwirft, ihr aufwartet, mit ihr leidet. Auf der archaisch-magischen Bewußtseinsebene gleiten ihre Opfer sanft in den Schlund zurück, aus dem sie hervorgingen. (Die Sumerer empfanden, daß direkte Zuwendung und Opfer selbst die böswilligsten Gottheiten besänftigten.[61]) Aber wenn wir sie verehren und uns ihrer Macht in ihrem unpersönlichen Rhythmus der Zerstörung beugen sollen, erscheint uns das so ungeheuerlich wie ihre Kinder. So verweigern wir uns oft, wappnen uns oder gehen auf Distanz, um uns vor der Empfindung hilfloser Unterwerfung gegenüber ihren unpersönlichen Instinktkräften zu schützen. Wir versuchen dabei, das Gefühl der Erniedrigung zu betäuben, das unser Ego übermannt, wenn es mit seiner Winzigkeit angesichts des Kosmos konfrontiert wird. Und doch kann nur der Akt der willentlichen Hingabe die giftige Seite der Göttin in Leben verwandeln. Der Tod der aktiven, vielfältigen, schönen Königin des Himmels und der Einsatz von Enkis Klagefiguren in dieser Geschichte gleichen die um Ereshkigal erscheinende Leere aus.

Traumbilder der chaotisch-abgründigen Göttin tauchen recht häufig während Phasen der Analyse auf, wenn das bewußte Ego-Ideal seine Entwürdigung erfahren und völlig transformiert werden muß. Der Traum einer Professorin handelte von einem schwarzen Planeten, der sich ihr zur Zeit des Unterrichtsbeginns näherte und Dämpfe ausspuckte, die ihren akademisch geschulten Geist völlig entleerten. Sie fühlte sich «völlig zerstört, als wäre nichts von mir übrig». Eine elegante, gewandte Geschäftsfrau wurde im Traum «mit dem Bild eines fetten, häßlichen Wesens konfrontiert, einer Termitenkönigin, die sich langsam in Geburtswehen oder im Ausscheidungsvorgang wand». Sie war entsetzt, etwas «derart Greuliches und Bestialisches zu sehen». Eine dritte Frau, die sich früher als wildes, exzentrisches Kind empfunden hatte und nun gerade begann sich mit ihren beachtlichen intellektuellen und emotionalen Fähigkeiten anzufreunden, träumte:

> *Ich kauere auf einem Bahnsteig der Untergrundbahn und versuche, ein Päckchen Hackfleisch zusammenzukratzen, das mir hinuntergefallen und geplatzt war. In der Nähe ragt eine schwarzgekleidete Riesin auf, ein kaltes, sadistisches Weib, das mich beobachtet. Sie ist wie eine Königskobra. Sie hat das unmoralische Gesicht der Dunkelheit. Sie kann alles tun; sie ist weder am Leben interessiert noch an Nettigkeiten. Sie ist objektiv, leistungsstark, zu dieser festen Erde gehörig und ohne jedes Mitgefühl.*

Dieser Traum sagte eine Depression voraus, in der ihr grandioses Ego-Ideal zu reinem Hackfleisch gemacht wurde und in der sie gezwungen war, den zuvor gefürchteten Schatten in seiner ruhigen Stärke als positiv zu akzeptieren. Langsam begann sie eine neue Karriere und beendete eine unbefriedigende persönliche Beziehung. Später träumte sie dann, daß die dunkle Frau in das Zimmer ihrer Haushälterin eingezogen sei, um dort die nette, häusliche und unscheinbare Frau zu ersetzen.

Diesem Unterwelt-Aspekt des Weiblichen begegnen wir oft genug in der Analyse, wenn die mit dem Animus identifizierten *Puella*-Frauen in jene Bereiche hinabsteigen, die der idealistische Animus als böse, krank, häßlich oder verwerflich gebrandmarkt hat. Die Regression oder Introversion geht manchmal so langsam und tiefgreifend vor sich, daß sie sich in eine tiefe, todähnliche Depression verwandelt, die erschrekkend sein kann, wenn die Patientin über ihre archetypischen Bedeutungen und Muster nicht orientiert ist. Eine vormals aktive Frau beschreibt dies in ihrem Tagebuch so:

Ein langsamer Zerfall aller «ich müßte» und «ich sollte», ein Absterben der Hüllen meines Lebens, das schon am Faulen war. Ich hatte die langsame Zerstörung dessen, was ich einmal für mein Ich gehalten hatte, zu akzeptieren. Es ist ständig die Angst da, daß ich, wenn ich dieses alte, gesellschaftlich gewandte Ich endlich opfere, tot sein werde. Und doch gab es in dieser Depression, in der ich die Trägheit in der Umarmung der reinen Materie wie Zement, der mich festhielt, erfuhr, ein Freiwerden von Energie. Es ging so tief, daß ich meinen Zeitsinn verlor. Ich weiß nur noch, daß meine Nägel gewachsen waren und ich sie wieder mal schneiden mußte. Es ist ein langsames Erfahren von unten her, nicht menschlich, jenseits der Vorstellungen von Gemein und nicht Gemein.

Eine andere sagte:

Ich war so tief unten – es war übelkeiterregend, wie faules Fleisch. Nie habe ich mir erlaubt, so passiv, so voll Häßlichkeit zu sein, aber es entsetzt mich nicht einmal mehr. Ich lerne, daß mir alles einerlei ist, und auch das ist mir egal. Es scheint so kalt, aber da ist eine Stärke, die alles annehmen kann, selbst Schmerz. Nun kann ich mich im Universum zu Hause fühlen. Es gleicht etwas in mir aus, was mich mein Leben lang meiner Mutter Strenge und die Berührung des Penis fürchten und verabscheuen ließ. Davon mußte ich geheilt werden, bevor ich mit anderen umgehen konnte, ohne weggefegt zu werden oder in Ohnmacht zu fallen.

Wenn wir auf die Tiefen von Depression und dumpfem Schmerz, auf Zeitlosigkeit, vorsprachliches Chaos und Emotionalität zurückgeworfen werden, auf alles, was wir schrecklich oder «infantil» nennen oder den archaischen Dimensionen des Bewußtseins gleichsetzen, dann sollten wir wissen, daß die Göttin, der wir dienen und die wir verehren müssen, Ereshkigal ist. Der Kontakt mit ihr gibt der Frau Boden unter den Füßen. Er stärkt die weibliche Kraft für die Konfrontation mit dem Patriarchat, um sich als dem Männlichen gleichwertig zu erweisen.

Ereshkigals Ablehnung durch das Patriarchat

Das patriarchalische Bewußtsein hat diese Göttin abgesondert, sie vergewaltigt und in die Unterwelt verbannt. Uns wird nahegelegt, die schreckliche und zerstörerische Seite der Naturgöttin am besten nicht näher zu betrachten.[62] Sie wurde aus unserem Bewußtsein verdrängt; nun residiert sie im Unterbewußtsein. In ihrer schrecklichen Form taucht Ereshkigal nie auf. Wenn die Götter ein Fest veranstalten, fordern sie sie auf, jemand zu senden, der die Speisen für sie holt.[63] Und doch stellt sie sich dem Männlichen nicht entgegen. Sie ist von männlichen Richtern umgeben, ihre Gatten und Diener sind männlich, sie gebiert Söhne. Und ihr Zorn auf Nergal, der ihren Abgesandten grob behandelt hatte, ist schnell besänftigt. Als er feststellt, daß es «nur meine Liebe war, nach der du dich seit Monaten sehnst», bietet sie ihm die Ehe an und die Herrschaft über die Unterwelt, was er beides annimmt.[64]

Im Gegensatz zu dem, was oft darüber geschrieben wurde, legt dieser Mythos nahe, daß das Bewußtsein der tiefen Schichten der Seele kein Feind des heroischen patriarchalischen Bewußtseins der Himmelsgötter ist. Die Kräfte und Wirkungsweisen des Großen Runden suchen der hierarchischen, auf Fortschritt ausgerichteten Form des Logos nicht zu widerstehen oder sie zu beherrschen. Sie fordern jedoch Respekt und Verehrung. Ereshkigal schäumt vor Wut, wenn man ihr nicht mit Respekt begegnet. Sie ist stolz, aber sie veranlaßt keinen

Angriff, noch überschreitet sie die eigenen Grenzen. Sie fordert einfach nur die Anerkennung als gleichwertige Macht, eine, die ebenso gültig und wichtig ist wie die des Großen Oben – was auch Nergal schließlich erkannte, als er mit ihr konfrontiert wurde.

Es ist eher die defensive Furcht, die dem hierarchisch-heroischen Bewußtsein innewohnt, die sich vom Fluß der Veränderung und von den eigenen verdrängten «infantilen» Impulsen abwendet. Werden diese auf die Mutter projiziert, kann sie nur als Feind gesehen werden.[65] Dann weigern wir uns, ihre besondere Art der Weisheit anzuerkennen, die für das Leben ebenso wichtig ist wie die eigene. Wir wenden uns von unserer eigenen Quelle ab, denn Ereshkigal ist die Mutter des nächtlichen Mondes und der Monster, und sie ist die Großmutter von Sonne und Sternen. Aus ihrem Schoß entstehen die Lichter des Himmels und die Geschöpfe von Pest und Tod. Sie ist die Quelle des Bewußtseins, nicht nur der Himmelslichter, sondern ebenso der tödlichen Schmerzen und Ängste.

Die tantrische Sicht ist der psychischen Realität näher als die Sichtweise des hierarchisch-patriarchalischen Bewußtseins, das Ereshkigal herabzuwürdigen sucht. Im Tantrismus besitzt jedes Chakra seine eigene Form der Bewußtheit, jedes weckt eine andere Perspektive, die alle als Facetten des einen kosmischen Bewußtseins begrüßt werden sollten, um im voll erwachten Individuum harmonisch zusammenzuschwingen. Aber wir werden nur sehr langsam gewahr, daß es die Möglichkeit eines solchen authentischen, vielschichtigen Bewußtseins gibt.[66]

Die Objektivität der Augen des Todes

Ereshkigal birgt in sich Leidenschaft und Energie und Gesetzlichkeit. Doch ihre Augen sind die Augen des Todes. Denn sie tötet Inanna und macht sie zum einfachen Stück Fleisch – alles in einem Akt, der im Gedicht in ehrfurchteinflößender Weise beschrieben wird:

> Die heilige Ereshkigal auf ihren Thron sich setzte ...
> Auf Inanna starr gerichtet ihre Augen, die des Todes,
> Sprach sie das Wort aus gegen sie, des Ingrimms Wort,
> Schleudert' den Schrei ihr entgegen, der Anklag' Schrei,
> Schlug sie sodann, daß sie zum Leichnam ward.
> An einem Pfahl ward der Leichnam aufgehängt.[67]

Manchmal wird in der sumerischen Poesie der Ausdruck «Augen des Lebens» gebraucht, um den Blick zu bezeichnen, der voll Liebe ist und Lebenskraft schenkt. Die Bedeutung, die der Macht des Auges hier beigemessen wird, ruft uns frühe Bilder der Augengöttin und der Göttin als Auge (Ägypten) in Erinnerung. Auch werden wir daran erinnert, welch großen Einfluß die Augen der Mutter auf den Säugling haben. Wenn Kinder zum ersten Mal Gesichter zu zeichnen beginnen, sind die einzigen verwendeten Merkmale die Augen. In der sumerischen und babylonischen Bildhauerei wurden die Augen von Göttern und Anbetenden vergrößert und fast zu hypnotisch starrenden Scheiben gemacht, um ihrer hieratischen Macht als Sitz der Seele Ausdruck zu verleihen.

Hier im Gedicht sehen wir Ereshkigals Augen in Verbindung mit dem Wort, der Leidenschaft, dem Urteil des Gewissens und dem Akt des Mordes. Sie sind die Augen des Todes, mitleidslos, ohne persönliche Anteilnahme. Für Menschen, die angesichts dieser Augen vor Furcht erstarren und dabei den

Sinn für die Paradoxe des Lebensprozesses verlieren, können sie das haßerfüllte Starren sein, welches das Leben gefrieren läßt – wie einer Mutter Haß-Neid, der ihr Kind vernichtet und allen Anfängen ein Ende bereitet – roher Sadismus und Zorn in seiner archetypischen Form. Oder sie können die Augen der Depression werden, denen «alles tot erscheint». Sie können die Augen sein, die als Projektion unserer menschlichen Angst und Wut das Leben lähmen, indem sie einen Moment oder ein Bruchstück herausgreifen und es als konkretes Bild erstarren lassen. Solche Augen erzeugen Psychose. Wir finden sie bei Menschen, denen im psychotischen Zustand die Fähigkeit abhanden gekommen ist, durch das fest umklammerte Bruchstück hindurch noch den Lebensprozeß und -geist zu erkennen, dem jedes statische Bild nur als Bestandteil innewohnt.

So können sie die Augen sein, die den Blick für das größere Ganze verlieren. Oder sie können die Fähigkeit der Objektivität besitzen, die nichts mit jener primitivsten Lebens- und Selbstbehauptung zu tun hat, die in unserer Kultur manchmal gern als das Weibliche angesehen wird. Jung erinnert uns, während er über das Muladhara-Chakra schreibt, an den Wert des negativen Aspekts des Selbst. Es gibt einen «Aspekt des Hasses ..., (den) man in Begriffen der westlichen Philosophie als einen Trieb oder Instinkt zur Individuation beschreiben würde»,[68] weil er die Zerstörung der engsten Bindungen (der *participation mystique*) bewirkt, wodurch das Individuum von seinen Lieben getrennt und abgesondert wird, mit denen es zuvor eins und identisch gewesen war.

Im Gedicht sieht Inanna unmittelbar in den geheimnisvollen Abgrund ihres eigenen Unterwelt-Selbst, das als Ereshkigal zu ihr zurückstarrt. Dieser entblößende Augenblick gleicht jener fünften Szene aus der «Villa der Mysterien», in welcher der Faun, als er in eine Spiegelschale hineinschaut, eine Maske des schrecklichen Dionysos als Herrn der Unterwelt reflektiert sieht. Es ist der Augenblick, in dem die Göttin des aktiven Lebens und der Liebe mit sich selbst konfrontiert wird.[69]

Eine Frau träumte: «Das Gift der Welt wird mir übergeben. Es ist mit ‹Teilnahmslosigkeit› (kein Interesse) beschriftet.» Sie hatte mit der scheinbaren Kälte ihres Geliebten gekämpft. Das Traumbild zeigte ihr nun, daß es statt dessen die Kälte der Natur gewesen war und ist. Und sie selbst – die als das unterwürfige Opfer ihren Partner versöhnlich zu stimmen versucht, um dadurch Anschluß an ihn zu finden – muß davon trinken, um mit der Göttin eins zu werden.

Diese Augen des Todes – in archetypischer Weise unversöhnlich und tiefgründig – drücken eine unmittelbare Istheit aus, die alle Vorwände und Ideale, selbst Individualität und die Verbundenheit mit anderen, als belanglos abtut. Sie enthalten und beleben das Geheimnis einer andersartigen, vorkulturellen Art der Wahrnehmung. Wie die Augen in den Schädeln, die das Haus der russischen Naturgöttin und Hexe Baba Yaga umgeben,[70] nehmen sie mit einer Objektivität gleich der unserer Träume und der Natur selbst wahr. Sie durchbohren die Seele, um die nackte Wahrheit zu finden, die Wirklichkeit hinter all ihren Myriaden von Formen, Illusionen und Verschanzungen, die sie zur Schau stellt.

Die westliche Wissenschaft hat einst eine solche Sichtweise angestrebt. Aber wir Menschen haben solch objektive Augen nicht. Wir können nur begrenzte und relative, unbestimmte Wahrheiten erkennen. Wir und unsere Subjektivität sind Teil der Wirklichkeit, die wir zu sehen suchen. Angesichts Ereshkigals jedoch wird die objektive Wirklichkeit entlarvt. Sie ist nichts – «neti, neti», wie es im Sanskrit heißt – und doch alles, das Paradox hinter dem Schleier der Großen Göttin und des Tempels der Weisheit. Diese Augen schauen aus der Bodenlosigkeit jenes Abgrunds hervor, der alles verschluckt, der die tanzende, spielende Maya der Göttin zu träger Materie schrumpfen läßt und das Leben auf Erden zum Stillstand bringt.

Diese Augen räumen mit den Maßstäben und Idealen des gewohnten kollektiven Rationalbewußtseins auf – mit der Art, wie wir innerhalb sprachlicher Grenzen zu denken gewohnt sind, «gefangen in Vorstellungsräumen»[71], die die Welt der differenzierten Erscheinungen bilden. Sie dringen zur vorsprachlichen Wirklichkeit selbst vor, auch durch kollektive Normen hindurch, die dem wirklichen Leben fremd sind. So zerstören sie die Identifikation mit Animus-Idealen. Sie ermöglichen die Wahrnehmung der Realität ganz ohne die Verzerrungen und Vorurteile des Über-Ich. Dies bedeutet nicht, Gutes oder Schlechtes sehen zu können, sondern das, was vor der Bewertung als Durcheinander an Empfindungen und vorsprachlichen Sinneseindrücken besteht (tasten, riechen, schmecken). Dies heißt, daß die Beziehung zum Äußeren, zu kollektiven Wertmaßstäben, beileibe nicht als das Wichtigste angesehen wird. Diese Art des Sehens – die zunächst so furchterregend sein mag, weil sie vom Kollektiv nicht eingeordnet werden kann – kann uns das geben, was die Vernunftseite unseres Bewußtseins (Logos-Bewußtsein) als reines Chaos fürchtet: die Möglichkeiten einer völlig erneuerten Wahrnehmung, eines neuen Musters, einer schöpferischen Perspektive, eines endlosen Neuentdeckens.

Solch eine Art des Sehens ist gefährlich und radikal erneuernd, aber nicht notwendigerweise böse, es sei denn im Ungleichgewicht und dadurch starr und voreingenommen. Der Uneingeweihte mag es als gräßlich und erschreckend empfinden. Denn es entblößt uns von unseren Schutzmechanismen und fordert das Opfer sämtlicher bequemer kollektiver Auffassungen, auch der Hoffnungen und Erwartungen in bezug auf alles, was uns als gut und sicher erscheint. Es ist wild, chaotisch und überraschend und eröffnet uns einen Blick in den Abgrund, aus dem Ethik und Ästhetik und alle Gegensätze hervorgehen. Es ist das Auge des Instinkts – das Auge der Natur. Diese Sicht bringen Ereshkigal und Kali und die Gorgo dem Eingeweihten. Darin liegt die Bedeutung des schrecklichen Wächterkopfes an Shivas Tempeln.[72] Er ist furchtbar und schenkt doch denen, die ihn ertragen können, eine verfeinerte Wahrnehmung der Wirklichkeit.

Dies ist die Weisheit um das dunkle Weibliche, der Psyche noch nicht standhalten konnte – jenes Wissen, das sie Aphrodite, der griechischen Inanna, hätte bringen sollen, um sie schön und ewig zu machen. Psyche sah es nur flüchtig und fiel in Bewußtlosigkeit, denn jenes Zeitalter war für solch ein Wissen noch nicht bereit. Nun aber brauchen wir es, da wir in der Astro- und Atomphysik bereits mit seinen subtilen Energien arbeiten.

Psychologisch bewirkt dieses Wissen, diese Art des Sehens, daß die Zerstörung und die Umformung in etwas grundlegend Neues als Teil des Zyklus der Wirklichkeit erkannt werden.[73] So drückt es eine Frau aus:

> *Ich sehe, daß man nichts tun kann, ohne irgend jemand weh zu tun, ohne ein Opfer, einen Schmerz oder Verrat – zumindest die meiste Zeit. Daß alles woanders endet und beginnt. Unschuld ist unmöglich.*

Solch ein Wissen ist schwer zu ertragen. Wir versuchen, es zu beschönigen, zu verdecken, zu umgehen. Aber die Erkenntnis dieser grundlegenden Realität erlaubt der Frau, den Versuch aufzugeben, mit von Eltern und Animus geprägten Idealen im Einklang zu erscheinen. Es ist, als ob man völlig auf Grund stieße, wo sie alle belanglos sind. Diese Erkenntnis relativiert sämtliche Grundsätze und öffnet eine Frau gegenüber den Paradoxa, die ein Leben mit dem Selbst einschließt.

Eine Frau, die gezwungen war, sich dieser Realität bewußt zu werden, träumte von einer wunderschönen Frau mit winzigen Schädeln in ihren Pupillen, durch die die Träumerin in einen unermeßlich weiten Nachthimmel sah. Eine andere Frau hatte eine Vision ihrer toten Großmutter, der die Augen in den Kopf gefallen waren. Sie schrieb:

> «Solche Augen enthalten alles. Sie sehen bis auf den Grund des Seins, und sie halten jeder Objektivität stand. Sie bedeuten, daß Schmerz unausweichlich ist. Ich kann mich nicht verstecken.»

Als Analytikerin stehe ich zu dieser Erkenntnis, wenn ich meine eigene Wahrheit ausspreche: «So fühle ich jetzt, dies ist es, was ich sehe.» Sie ist objektiv und stellt das mir gültige Urteil in diesem Augenblick dar. Aber wie ein Stich kann sie den verletzen, der so gesehen wird, und kann mich von ihm trennen. Doch wenn ich die Verbindung zu der scheinbaren Kälte dieser Objektivität aufgebe oder versuche, sie als gute Mutter oder Tochter abzuschütteln, so wird mein Ego entwurzelt. Dann sinkt diese Kälte ins Unterbewußte und befällt mich oder den anderen über den Animus. Und wenn eine Frau während der Therapie jenes steinerne Muladhara-Bild auf mich projiziert, mag ich Angst davor bekommen, so kalt gesehen zu werden und es einfach als Ausdruck unpersönlicher weiblicher Objektivität zu werten, an der ich teilhabe und die eigentlich ein Selbstschutz ist. In dieser Angst aber verliere ich die Sicherheit und kann vor Furcht gelähmt, bewußtlos werden. Wenn ich fühle, wie mich diese Angst aus der negativen Übertragung anfällt, möchte ich nur noch die Aggression der anderen ersticken.

Dieses kühle, objektive Auge stellt eine Grundlage der weiblichen Urteilsfähigkeit dar – vielleicht den Aspekt der linken Gehirnhälfte. Es wird durch verantwortungsvolles Handeln oder Willensanstrengung nicht getäuscht, sondern findet unentrinnbar die am Vorgang beteiligten Faktoren, das ganze Arsenal der Gefühlskräfte und -wirkungen, die jedem Moment Leben verleihen, die vergehen, während andere in die Gegenwart einströmen und das Individuum der Gnade der Zeit und der Abläufe überlassen, über die es wenig Kontrolle besitzt. In ihnen kann es aber Halt finden, wenn es die Veränderung als solche wertschätzen und seine eigene Art, sich mit ihr zu bewegen, finden kann. Solch eine Art des Sehens ist überpersönlich und eine Macht, die beschützen kann – weshalb Athena Gorgopis, die Hell-Äugige und die Eulen-Äugige, die Augen der Gorgo auf ihrem Schild trug; Auf diese Weise verkörperte später Inanna die «Augen des Todes».

III Leiden und die Fähigkeit, allein zu stehen

Leiden – unbewußt und bewußt

Das scheinbar kalte Yin in Ereshkigals Blick steht im Mythos in enger Beziehung zum leidenden Yin. Inanna hängt vom Pfahl durchbohrt da, und Ereshkigal wälzt sich nackt und stöhnt im Elend des Todes oder der Geburtswehen. Sie wird beschrieben:

> Wegen ihrer Kinder liegt Ereshkigal, die gebärende Mutter,
> krank danieder (vielleicht in Geburtswehen).
> Über ihren Körper ist kein Tuch gebreitet.
> Ihre heilige Brust, wie ein Shagangefäß, ist nicht (bedeckt).[74]
> (Wie Kupferrechen fahren ihre Krallen über ihren Körper.)[75]
> Wie Schlangen trägt das Haar sie auf dem Kopf.[76]

Leiden ist ein wichtiger Teil des Unterweltlich-Weiblichen. Es kann unbewußt sein, bis die Göttin des Lichts es durch ihr Kommen weckt und die stille Dumpfheit zum Schmerz wird. Auf der magischen Ebene des Bewußtseins wird es dumpf ausgehalten;[77] keine Bewußtheit des Leidens ist vorhanden.

Aber Leiden *ist* Teil des Weiblichen. Wir vergessen gerne, daß bis zu diesem Jahrhundert das Gebären oft vom Tod begleitet war: So wurden zum Beispiel aztekische Frauen, die bei einer Geburt starben, Kriegern gleichgestellt, die im Kampf gefallen waren, und so schrieb Anne Bradstreet ein Abschiedsgedicht an Mann und Kinder, bevor die Wehen für die Geburt eines weiteren Kindes einsetzten.[78] Cotton Mather und seine Zeitgenossen meinen:

> Die Schwierigkeiten sowohl der *Unterjochung* als auch des *Gebärens*, denen das weibliche Geschlecht ausgeliefert ist, haben sich in einen Segen verwandelt, ... Gott heiligt die *Fesseln*, die *Schmerzen* und den *Tod*, den sie dabei finden, ... (als) eine weitere Gelegenheit zur ernsthaften Hingabe.[79]

Das Leben der Frau bestand tatsächlich in ständig wiederholten Geburten, die nur zu oft mit ihrem Tod verbunden waren – ein naturgegebener Zyklus, der ihr Leben hauptsächlich auf die harte Seite der Wirklichkeit ausrichtete und ihr die Empfindung gab, das Leben am Rande des Abgrunds zu verbringen. So verbrauchte sich die Kreativität der Frau im Gebären und den Künsten und der Erhaltung des Haushalts – alle der Zerstörung und dem Verschleiß unterworfen –, im größeren kulturellen Zusammenhang nicht sehr hoch geachtet, obgleich sie wohl die wichtigste zivilisierende Komponente jeder Kultur darstellen, die direkt aus den unscheinbaren Vorgängen der persönlichen Lebenserhaltung entsteht. Es nimmt in diesem Zusammenhang nicht wunder, wenn jüdische Männer ihrem Gott danken, daß sie nicht als Frau erschaffen wurden. Aber für eine Frau sind Wunden an sich nicht unbedingt pathologisch. Sie stellen Teil des Zyklus der Menstruation, des Gebärens und des blutigen täglichen Lebens dar.

Ereshkigal verkörpert einen Umstand, dem jede Frau unterworfen ist: daß «jegliches Leben im Tod endet», daß Geburt und Tod enge Vertraute in der Geschichte der Frau sind und daher Veränderung und Schmerz unausweichlich. Sie leidet in Einsamkeit, in geduldiger Unterwerfung, andauernd. Sie erinnert uns daran, daß viele große Göttinnen unter der Trennung vom Kind, der Mutter oder dem Geliebten zu leiden haben. Sie weichen diesem Leiden nicht aus, sondern stellen sich ihm und bringen seine Wirklichkeit zum Ausdruck. Einige, wie zum Beispiel Parvati, Shivas Braut, nehmen Leiden willentlich auf sich, um die Aufmerksamkeit des Geliebten zu erregen und das Gleichgewicht des Lebens wiederherzustellen. Einige bleiben aber dabei auch stecken oder werden gepfählt. Denn Leiden kann zu schrecklicher Passivität führen, zu einer negativen Trägheit (wie beim griechischen Peirithoos, der im Hades «steckenblieb»). Und in Ereshkigals dahinsiechendem und unmenschlichem Reich kommt alles zum Stillstand. Inanna hängt gepfählt da, Ereshkigal stöhnt. Es gibt keine Hoffnung, keine wirksame Yang-Antwort, keinen Ausweg in Form von Arbeit oder Willen. Dies ist die andere kalte Seite der dunklen Göttin.

Und doch ist Leiden hier ein archetypischer Weg. Er schließt das Opfer der Aktivität ein, das zu Wiedergeburt und Erleuchtung führen kann, wenn er als Weg des Geschehenlassens akzeptiert wird. Er stellt die Erfahrung der Gegenwart auf ihrer dunklen Ebene dar: ein Gefühl des völligen Verlustes – selbst der Handlungsfähigkeit –, eines Verlustes, der so tief geht, daß absolut nichts mehr darin Gewicht hat, «tiefer als die Tiefe des Kummers».[80] Dort sitzt die Ohnmacht des chaotisch-dumpfen, nicht ausgelebten Affekts, die einsame, elende Raserei der Machtlosigkeit und unbefriedigten Sehnsucht, wo alles Tun nur höllisch sinnlos ist und zu nichts führt (und es deshalb keinen sichtbaren Ausweg aus der Verzweiflung gibt). Wir können dort nur aushalten und halb ohnmächtig versuchen, den Schmerz zu überleben. Vom Leben ausgeschlossen, stekken wir dort, bis irgendein Wunder der Gnade und neuen Weisheit uns erlöst. Dieses rohe, unpersönliche Elend – das dennoch zur Einweihung führen kann – ist Ereshkigals Reich.

Ereshkigals Pfahl – Fixation und Inkarnation

Aus dieser Perspektive kann Ereshkigals Pfahl als gräßlich und erschreckend empfunden werden, ähnlich jenen Pfählen, auf die in hinduistischen und keltischen Jenseits-Burgen ringsum Köpfe aufgesteckt waren. Eine Frau faßte dieses Elend in Worte: «Da ist ein Schmerz, weil ich von meiner Mutter verlassen wurde – wie ein Dorn in meinem Herzen. Und mein ganzes Leben tot.» Es ist die abgrundtiefe Verlassenheit des Kindes der Todesmutter – ein Leben in Erniedrigung. Eine andere schilderte ihre Empfindung des Verlusts, die sie zu Beginn der Analyse noch einmal durchlebte, so: «Es ist wie ein zerschundener Phallus, der Anblick eines unglaublich rohen, höllischen Verlangens; berühren kann man ihn nicht, geschweige denn empfangen – nichts als leere Begierde.»

Ihre Bedürfnisse waren völlig beschnitten worden (man hatte sie im Alter von zwei Jahren als Waise in ein Heim geschickt), und sie waren derart stark und im menschlichen Bereich unerfüllbar, daß sie ihr nur häßlich und schrecklich erscheinen konnten. Eine dritte Frau sah im Traum den Phallus ihres Onkels als einen Pfahl, auf den sie selbst aufgespießt war. Sie erinnerte sich an seine furchterregenden Annäherungsversuche und Wutausbrüche, aber sie hatte ihn idealisiert und fürchtete sich davor, ihr Verlangen nach Männern, die ihm ähnelten, aufzugeben, «weil es sich wie zu Hause anfühlt». Dieser grausame menschliche Sadismus entspricht Ereshkigals Pfahl. Er beendet das bewußte menschliche Leben. Und oft werden wir lieber einfach krank oder «verrückt», als daß wir uns der Wirklichkeit solcher Schmerzen stellen.

Aber das Bild des Pfahls hat noch eine andere Seite. Während in der Szene eines späteren ägyptischen Mythos Isis sich mit Osiris' Glied selbst befruchtet, als er bereits tot ist, ist der tote Partner hier weiblich. Die große Göttin hängt durchbohrt und leblos da, passiv, ein Stück Fleisch. Keine Bewegung, keinerlei sichtbares Geschehen – nur einfach das Dahängen des Körpers am Pfahl. Inanna ist im wahrsten Sinne des Wortes festgenagelt. Das Potential ihrer unzähligen Aufgaben und Fähigkeiten ist auf Grund gelaufen, und dieser Umstand scheint einen neuen Geist in ihr zu befruchten, so wie Beschränkung manchmal Kreativität hervorbringt.

Eine Frau drückt ihre Erfahrung der schmerzhaften Seite dieser *fixatio* so aus:

> *Es ist, als ob mein unordentliches Haus mein Kreuz ist. Ich bin völlig fixiert – weg von den Phantasien vom Heim und vom großen Leben und Berühmtheit. Einfaches Ausgeliefertsein; die alten Etiketten passen nicht mehr. Ich habe jegliche Kontrolle darüber verloren, wie die Dinge früher gelaufen sind und daß ich mich am Riemen reißen sollte, was sein «sollte» und «müßte». Ich klebe an winzigen Details, die mich festnageln. Sie helfen mir, den Schmerz durchzustehen, der noch nicht einmal dramatisch oder verzweifelt, sondern nur dumpf da ist. Es ist kein Sinn darin, kein Trost. Ich kann nur warten und warten. Und es ist nicht einmal ein Warten auf Rettung wie früher.*

Die achtundvierzigjährige Frau hatte einen großen Teil ihres Lebens in der Hoffnung verbracht, anerkannt und bemuttert zu werden, von einem Ritter auf dem weißen Schlachtroß entführt zu werden, der ihrer Passivität ein Ende setzen würde. Durch die Analyse veränderte sich die Qualität ihrer Trägheit. Sie merkte, wie sie ihre gewohnten Dramen, ihre panische unbewußte Aktivität aufgeben und sich in die kleinen Details ihres täglichen Lebens zurückziehen konnte. Sie empfand ihre Erniedrigung wie Christus' Kreuzigung, denn sie sah noch keinen Weg, wie sie «den Kelch» an sich «vorübergehen» lassen sollte. Sie kannte die Geschichte Inannas noch nicht, noch fühlte sie sich mit dem Weiblichen in irgendeiner Weise verbunden. Nachdem sie sich viele Monate auf die manifesten Tatsachen der Existenz konzentriert hatte, begann sie zu sehen, daß in ihnen alles vorhanden war, was sie gesucht hatte, sobald sie fähig war, sie aus einer neuen Perspektive zu sehen. Sie begann mit *sensory awareness* (Sinnesbewußtheit) zu arbeiten und ihren Körper durch neue Kleider in neuen Stoffen und Farben zu ehren. Sie erlebte, wie sich ihre Gefühle in der Übertragung auf ihren Therapeuten öffneten. Sie begann ihr Gefühls- und Sinnesleben wertzuschätzen und konnte schließlich auf ihre Depression als ein Geschenk zurückblicken, das ihrer Existenz zu neuem Sinn verholfen hatte.

Ein anderer Aspekt der Bedeutung des Pfahls für die Inkarnation wurde von einer Frau artikuliert, die über ein neu erwachtes Realitätsempfinden bezüglich ihres Körpers sprach:

> *Eine Frau wird ans Kreuz genagelt, wenn sie zum ersten Male ihre Menstruation bekommt. Deswegen haßte ich es und tat so, als sei nichts. Doch dann muß die Frau mit der Energie eines Stieres dieses Kreuz tragen, ihm erlauben, in sie einzudringen und zwischen seinen beiden Hörnern hin- und hergeworfen zu werden. Es ist der Befehl der Natur an eine Frau, ist eine andere Art Kreuz als das christliche, weil wir lebenslang zwischen den Hörnern hin- und hergeworfen werden. Ich habe meine Periode immer als schmutzig empfunden und die Launenhaftigkeit und den Schmerz dabei als wirkliches Opfer betrachtet, aber nun kann ich durch die Erfahrung meiner Tochter sehen, daß die Energie dabei gleich phallischer Energie ist, nur daß es zwei Griffe sind, die ein Gefäß daraus werden lassen.*

Trotz ihres bewußten Ekels vor der Menstruation hatte diese Frau ein instinktives Empfinden für den «Stier der Mutter», und ihr Bekenntnis ruft uns den großen gehörnten Altar in

Kreta und den gehörnten Mondgott als Herrn der Frauen in Erinnerung.[81]

Es gibt möglicherweise eine Verbindung zwischen dem Bild des gehörnten Gottes und dem Gugalanna des Mythos (siehe Kapitel V). Er wird «getötet» oder wirksam seiner Monatskraft beraubt, wenn die Frau schwanger wird. Es liegt die Vermutung nahe, daß der Abstiegsmythos aus dieser Perspektive das zentrale Mysterium der weiblichen Erfahrung, die Schwangerschaft, berührt. Es gibt mehrere Kulturen, in denen die Gebärende in den Wehen an einem Baum festgebunden ist oder sich daran festhält. (Buddhas Mutter ist ein Beispiel, und in einigen Amazonenstämmen herrscht die Sitte, die Gebärende über dem Boden schwebend aufzuhängen, bis das Kind erscheint.) Sicherlich ist die Unterwerfung unter das Mysterium der körperlichen Erfahrung ein Weg, wie die Frau, ja sogar die Göttin, in der inkarnierten Existenz festgenagelt wird – festgenagelt in der Realität, um ihren eigenen festen Stand zu finden.

Der Sinn des Pfahls legt einen Aspekt der unpersönlichen weiblichen Yang-Energie nahe. Er stärkt und inkarniert den Geist in die Realität des Hier und Jetzt. So hat er eine unterstützende Funktion: ein Pfahl, an dem man sich durch die Unbill des Lebens hindurch festhalten kann. Der Pfahl entspricht außerdem dem Phallus der dunklen Göttin oder dem Glied des Gugalanna, ihres getöteten Gatten. Es sind darin Analogien zum kalten Phallus des Teufels zu finden – des Herrn der Unterwelt und Gemahls der Diana –, wie ihn Mitglieder des westlichen Hexenkults sahen. Sie fühlten sich durch den Phallus, durch die gemeinsame rituelle Erfahrung des befruchtenden Geistes der Natur, in Gemeinschaft vereint.

Ereshkigals Pfahl als weibliche Kraft, allein zu stehen

Der Pfahl schafft durch sein Eindringen eine Öffnung, d. h. die Vorbedingung für die Einweihung der Göttin, vergleichbar dem unpersönlichen Phallus in den Tempeln der Inanna-Ishtar. Esther Harding verstand das Ritual so, daß es sexuelle Energien für die Göttin freisetzt.[82] Weil das empfängliche Yin von Natur aus leer ist, besteht die Gefahr, daß Frauen, die ihre eigene Leere spüren – vor allem in der patriarchalischen Kultur –, Erfüllung durch reale männliche Partner und Söhne zu finden versuchen, oder indem sie den kollektiven Animusidealen in Form der Prostitution gegenüber den Vätern dienen. Sie werden den Mann um den Penis beneiden und ihn brauchen, um ihr Verlangen nach Macht zu befriedigen. Andere Frauen versuchen, ihr Gefühl der Machtlosigkeit loszuwerden, indem sie den Mann anbeten, der ihnen sexuelle Freuden und die Möglichkeit des seligen Verschmelzens geben kann. Das Gewahrwerden des inneren Raumes kann einer Frau das Gefühl geben, leer, leblos und hohl zu sein – wie eine leere Mundhöhle, der Speise oder Trank fehlt –, wenn die Mutter oder der Geliebte nicht zur Stelle ist. Dann verlangt es sie danach, gefüllt zu werden, und sie ist deshalb in Gefahr, von der Befruchtung von außen durch den Animus völlig abhängig zu werden. Sie kann in der Seligkeit des Verschmelzens mit dem Geliebten ihre eigene Seele verlieren.

Der Hunger einer Frau, mit dem Männlichen (als Animus oder als realer Mann) einszuwerden, ihre Idealisierung des Männlichen zum wahren Geist, dem sich zu unterwerfen sie bereit ist, und ihr Verlangen, mit patriarchalischer Autorität angefüllt zu werden oder den Mann als Vater zu sehen, verändern sich durch die Erfahrung dieses inneren Geschlechtsaktes. Nur allzuoft ist kein Unterschied spürbar zwischen dem

Bedürfnis einer Frau nach der Mutter, die sie nicht hatte, und ihrem Bedürfnis nach männlicher Partnerschaft. Vielleicht suchen deshalb so viele Frauen immer wieder Stärke und «Bemutterung» ausschließlich bei Männern und ihrem Animus, weil sie vom patriarchalischen Animus des Ernährers großgezogen wurden oder vielleicht ihre Brüder und Väter als wärmer und wertvoller empfunden haben, und verschmähen Beistand von weiblicher Seite nun selbst dann, wenn er zur Verfügung steht.

Ereshkigals Pfahl füllt die ewig-empfängliche Leere des Weiblichen mit weiblicher Yang-Energie an. Er füllt den ewigleeren Schoß-Schlund und bewirkt, daß die Frau selbst eine Ganzheit sein kann. Sie ist dann nicht einfach nur von Mann oder Kind abhängig, sondern aus sich selbst heraus ein vollwertiges und eigenes Individuum. Sie kann voll zu ihrem Ja und Nein stehen, ihrem eigenen starken Pfahl. Ereshkigals Pfahl erfüllt die Frau mit dieser neuen heiligen Haltung dem Leben gegenüber.

So setzt diese Pfählung einen Prozeß in Gang, der schließlich die Fähigkeit zur Selbständigkeit gebiert, um der Göttin in unserer eigenen Ganzheit zu dienen; die Fähigkeit, ja und nein zu sagen, zu zerstören und neu zu schaffen und in uns selbst ruhend durchzuhalten. Die Quelle liegt in uns selbst – es besteht keine Notwendigkeit, immerzu wahllos oder masochistisch Bestätigung von außen zu suchen oder die Umgebung friedlich zu stimmen, damit man von ihr Zuwendung oder Unterstützung bekommt. Unser Grundbedürfnis nach Erfüllung – dem die Mutter in der modernen Frau so wenig gerecht werden kann –, findet auf diesem Wege tiefe Befriedigung und kommt voll und ganz zu seinem Recht.

Unsere Kultur hat den Frauen allen Mut genommen, die unpersönliche weibliche Potenz zu verwirklichen. Allein schon die Vorstellung gilt als monströs, und so werden die Frauen immer noch angehalten, brav zu sein und sich «mit Eros» auf die sadistischen Vater-Animus-Figuren einzustellen, anstatt auf ihrer eigenen, gleichermaßen sadistisch-bejahenden Macht zu bestehen.

Diese *coniunctio* (Vereinigung) mit dem Phallus der Göttin ist kein Ersatz für die spätere Ehe-*coniunctio* zwischen dem Weiblichen und dem Männlichen, aber sie stellt klar, welche die weniger wertvolle *coniunctio* ist und ermöglicht die wertvollere – die leidenschaftliche und wahre Vereinigung. Denn erst dann, wenn die Frau ein Gefühl für ihre eigene, in ihr selbst gegründete Individualität entwickelt hat, kann sie sich öffnen, um als starkes Gefäß «aus einem Guß» einen anderen zu empfangen. Die Träume zweier Frauen illustrieren das:

> *Ich gehe, um meine Diagnose abzuholen, weil ich meine Analyse beende. Die Ärzte sagen mir, daß ich Hoden hätte. Ich hatte früher gedacht, ich hätte Darmentzündung. Jetzt sehe ich, daß ich für niemand mehr die Zofe zu spielen brauche. Ich habe selbst Eier und kann selbst erzeugen, was ich brauche.*

> *Ich sehe, daß meine Mutter, die normalerweise wie eine weibliche Puppe ist und sich für ihre Liebhaber erniedrigt, nun selbst einen Penis unter ihrem Negligée hat. Nun kann sie endlich leidenschaftlich lieben. Sie ist beides, Frau und Mann.*

Diese Traum-Mutter ist wie die bärtige Aphrodite, die hermaphroditische Gestalt der Liebesgöttin. Diese beiden Frauen hatten ihren eigenen Pfahl gefunden und konnten beginnen, sich ihrer eigenen Kreativität und individuellen, leidenschaftlichen Verbindung mit dem Leben zu bemächtigen.

Eine andere Frau träumte, nachdem sie ihrem Geliebten ihre eigene Sicht der Wirklichkeit unterbreitet und damit eine Trennung von ihm risikiert hatte:

Ich besuche eine sehr alte Frau – eine Art Hexe. Zwei giftige Schlangen, die ihr gehören, kriechen in meine Vagina. Ich bin entsetzt und versuche sie herauszuziehen. Sie sagt mir, daß sie nicht beißen werden, solange sie zusammen sind. Ich entspanne mich und empfinde eine merkwürdige Sicherheit. Ich weiß, daß ich sie beisammenhalten muß. Die Tochter der Hexe kommt herein und verspricht, mir zu helfen.

Hier symbolisieren die befruchtenden Schlangen die Vereinigung der Gegensätze und zeigen, daß sie, wie in Ereshkigals Unterwelt und auf der archaischen Bewußtseinsebene, in einem bereitwilligen, ausgewogenen Ego-Gefäß befruchtend und schützend wirken können. Sie zerstören nicht, sondern rufen einen neuen «Tochter»-Schatten hervor. Diesen assoziiert die Träumerin mit «einer Frau, die widerwärtig sein kann, die aber ihr eigenes Wort spricht und tief nach innen schaut, um es zu finden».

All diese Frauen haben begonnen, dem dunklen Weiblichen zu dienen. Sie erleben eine neue Energie, die sie befähigt, fest auf ihrem eigenen Grund zu stehen, ihrer von ihnen selbst erfahrenen Wirklichkeit. So können sie dem kollektiven patriarchalischen Animus gegenüber standfest sein, selbst auf die Gefahr hin, daß man sie deshalb unmöglich findet und daß dabei die alten sentimentalen Formen des Liebens und des Wohlgefühls fallen, mit denen sie früher für ihre Loyalität, ihr Lieb-Kind-Sein, ihre «gesunde» Wohlerzogenheit belohnt wurden. Solange die dämonischen Kräfte der dunklen Göttin nicht genutzt werden, besitzt die Frau nicht genügend Stärke, um aus der Tochterrolle herauszuwachsen und als Erwachsene der Macht des Patriarchats in seiner unmenschlichen Form zu widerstehen.

Eine Frau, die begonnen hatte, sich ihrer machtvollen Aspekte bewußt zu werden – diese waren früher in Träumerei und physisch in Zysten eingekapselt –, träumte nun:

Ein Mann belästigt seine Tochter mit einem riesigen Phallus, den er abnimmt (von seiner Menschlichkeit abtrennt), wenn er ihn nicht braucht. Seine Tochter ist zu klein, um über ihr Entsetzen zu sprechen, aber sie spielt sich ihre Gefühle mit Puppen von der Seele, die ein Therapeut interpretieren kann.

Die Arbeit an diesem Traum brachte die Frau dazu, Kindheitserinnerungen zuzulassen, die mit Belästigungen zu tun hatten – sie hatte diese noch nicht benennen oder damit fertig werden können und sie in der üblichen Animus-bestimmten Weise eingekapselt und verdrängt. Die weitere Arbeit brachte die Entdeckung, daß sie ihre eigenen tiefen, nichtverbalen Emotionen immer noch mit der gleichen verächtlichen Härte behandelte, wie es einst ihr betrunkener Vater mit ihrem zarten Kinder-Selbst getan hatte; mit anderen Worten: ihr Animus quälte sie noch immer.

Verschiedene Frauen brachten den Unterschied zum Ausdruck, den sie zwischen der Yang-Stärke der Göttin und dem Yang des verurteilenden patriarchalischen Animus empfanden. Eine sagte: «Da ist eine Stärke, die sich wie eine Gebärmutter mit einem Penis darin anfühlt – er dringt nicht nur ein, sondern nährt und beschützt auch. Er ist meine Stärke auf einer bestimmten Ebene.» Während die Kraft des Animus-Yang «scharf ist wie ein Messer», mit brennender Intensität vorantreibt oder wie ein Pfeil aus apollinischer Entfernung trifft, ist das weibliche Yang körperlicher und mehr verankert, und doch auch diffuser. Es hält zur Ganzheit der Gestalt eine dauerhaftere Beziehung durch die Affekte aufrecht – während es gleichzeitig die Teile objektiv und dem Ganzen untergeordnet zu sehen vermag.[83]

Traumbilder von Frauen, in denen Phalli oder phallische Gegenstände erscheinen, die die Träumerinnen durchdringen, sind häufig mit Figuren assoziiert, die als dunkelhäutig, erdhaft, fordernd, stark, dominierend und leidenschaftlich beschrieben werden – eigentlich werden sie ausgesprochen positiv gesehen. Und doch fürchtet das liebe, gute, saubere Ich sie zunächst als hexenhaft oder stinkend und wehrt sich gegen sie. Denn es fühlt intuitiv die unvermeidliche Zerstückelung des Ego-Ideals, die nötig ist, damit das Ich solche Kräfte anerkennt und nutzt. Eine Frau lieferte mit ihrem Traum dafür ein Beispiel:

> *Von einer Gruppe von Frauen (die sie als starke und mutige Individuen empfand) werde ich mitgenommen. Sie haben vor, mich auf einem Steintisch zu opfern. Eine der Frauen hat eine Ausbuchtung unter ihrem Gewand, die sich nicht als Phallus, sondern als riesiges Messer entpuppt.*

Sie beendete ihren Bericht mit dem Ausruf: «Wie konnten sie das meinem lieben kleinen Ich antun?» und gab damit ein Beispiel, wie ihre selbstmitleidige Persona die wahre Selbstbestätigung fürchtete und abwehrte.

IV Die bipolare Göttin: Zwei Schwestern

Die bipolare Göttin

Auf den Mythos von Inannas Abstieg stieß ich erstmals durch den Traum einer Frau: «Ich tauche ins Wasser bis zum Grund des Meeres, um meine Schwester zu finden. Sie hängt dort an einem Fleischhaken.» Dieses Bild deutete auf ihr Bedürfnis, nach den Qualitäten des starken, leidenschaftlichen und vielschichtig Weiblichen tief im Unterbewußtsein zu suchen und sie ins bewußte Leben zurückzuführen. Ihre Schwester erscheint hier analog zu Inanna und ihrer eigenen Fähigkeit zu vertrauter, fruchtbarer Beziehung. Sie hatte in dem Gefühl der Fremdheit und Verbannung gelebt – wie in der Hölle – und fühlte sich Ereshkigals dunklem Reich näher als den Energien, die vom Bild Inannas symbolisiert werden.

Zunächst verstand ich den Fleischhaken nur als bösartige Härte, die wir mit der Erfahrung in ihrer Familie und mit ihrem Animus in Verbindung brachten. Auf die Inanna-Parallele kam ich erst, als ihre schizoiden Verteidigungsmechanismen schon zwei Jahre lang im Abbröckeln begriffen waren und sie sich bereits selbst auf dem Weg in die Unterwelt befand. Ich war dankbar, daß der Mythos mich dann lehrte, daß die fürchterliche Langsamkeit dieses Prozesses – Tor um Tor – der richtigen Geschwindigkeit entsprach.

Diese Frau hatte sich mit den Normen des Patriarchats identifiziert. Sie besuchte die Universität und versuchte heroisch, intelligent und charmant zu erscheinen. Aber sie war voller Aggressionen und Ängste und konnte zu Männern nur dann Beziehung aufnehmen, wenn sie homosexuell waren. Ihr Traum überzeugt ebenso wie der Mythos von der Notwendigkeit, das «obere» Weibliche – sei es nun pathologisch entstellt oder gesund – mit dem Schatten der Unterwelt zu verbinden. Denn ehe eine Frau sich aus diesem Kreis lösen und sein ganzheitliches Muster als überpersönlich erkennen kann, muß sie den Tod ihres Ich-Ideals durchleben. Das Festhalten an diesem Ideal hängt mit der Verdrängung eines Teils der weiblichen Ganzheit in die Unterwelt zusammen.

Ereshkigal wird im Gedicht Inannas Schwester genannt. Sie ist ihr Schatten, ihre Ergänzung: Zusammen stellen die beiden Göttinnen das bipolare Ganzheitsmuster des archetypisch Weiblichen dar, die Mutter-Tochter-Einheit der Großen Göttin. Dies entspricht dem Stern Inanna, der «oben» und «unten» erscheint, denn die jungfräuliche Göttin der Liebe und der Huren «wird bemerkenswert häufig der weiblichen uroborischen Ur-Göttin gleichgestellt».[84] Die Göttin des «Großen Oben» symbolisiert all die verschiedenen Möglichkeiten, wie die Lebensenergien aktiv miteinander in Beziehung stehen und zusammenfließen können, wozu liebende Verbindungen und leidenschaftliche Trennungen gehören. Unten, und nur allzuoft verdrängt, lebt die Energie, die zu sich selbst zurückkehrt, sich mit Selbsterhaltung und Innenschau befaßt. Es ist die Energie, die einer Frau die Fähigkeit schenkt, auf sich gestellt zu sein, allein überleben zu können.

Psychologisch gesehen sind diese zwei Energiemuster in den einfühlsamen und selbstgenügsamen Aspekten zu finden, die der weiblichen Psychologie zugrunde liegen: in Beziehung zu einem inneren oder äußeren Gegenüber wie Kinder, Geliebter, kreative Projekte, ja selbst zu eigenen autonomen Gefühlen, Wahrnehmungen und Gedanken. Das aktive Engagement, das ein Gegenüber will, das den Partner liebend-kämpfend umschlungen hält – das ist Inanna; das einsame Um-sich-selber-

Kreisen, das Desinteresse am andern bis hin zur Kälte – das ist Ereshkigal.[85]

Der Mythos zeigt uns, daß Wechselhaftigkeit nicht krankhaft ist, sondern vielmehr ein Dienst an der bipolaren Göttin des Lebens und der Wandlung. Viele Frauen bleiben in der Phase der Selbstbezogenheit des Zyklus gefangen und reagieren mit Schuldgefühlen und tiefer Depression auf ihre scheinbar grausame Kälte. Andere flüchten sich in die Beziehung suchende Phase und klammern sich daran fest, selbst wenn sie fühlen, daß es falsch ist und ihrer eigenen Integrität nicht gerecht wird (bis das Selbst seine Forderungen durch unbewußte Kälte und Aggression durchsetzt), weil dem ganzheitlich-bipolaren Muster dabei nicht Rechnung getragen wird.

Wir finden dieses Muster in vielen Göttinnenpaaren wieder: in Athena und Medusa, der himmlischen und uranischen Aphrodite, der ältesten der Schicksalsgöttinnen, Mutter Kali und die verschlingende Kali-Durga, der hellen und dunklen Seite des Mondes. Diese Paare können wir zu den beiden Energieformen des Menstruationszyklus in Beziehung setzen: der Ovulationsphase (weiß) und der Menstruationsphase (rot).[86] Diese Dualität erscheint in Traumbildern patriarchalisch ausgerichteter Frauen oft in Form der Zertrennung eines weiblichen Körpers in je eine Hälfte oberhalb und eine unterhalb der Taille. Der obere Teil symbolisiert dabei mehr die nährende und gesellschaftlich bzw. persönlich «gute» und sozial aufgeschlossene Seite, der untere steht mehr für «widerlich», «stinkig» und das unpersönlich «Negative» der aggressiven und unkontrollierten Energien. Die Zuweisungen unserer Kultur sind nicht gleichen Inhalts wie die der Sumerer, denn Inanna feierte ihre Vulva mit offensichtlichem Entzücken und erfreute sich ihrer Macht. Selbst innerhalb unserer Kultur gibt es allgemeine und individuelle Unterschiede. Was von den leistungsstarken, intellektuellen Töchtern des Patriarchats verdrängt wird, muß nicht unbedingt von denen, die in der Rolle der Frau und Mutter gefangen sind, abgewertet und ignoriert werden.

Was die Bilder des Weiblichen betrifft, die in diesem Mythos zu finden sind, so sind manche Frauen mehr von der erotischen, selbstbewußten Seite Inannas fasziniert; sie erfahren, wie ihre eigenen, zuvor gefürchteten Energien sich in dieser Oberwelt-Göttin widerspiegeln können. Es ist, als müßten sie ihre Fähigkeit zu lustvoller Sexualität und/oder aktiver Selbstbehauptung erst aus der Unterwelt ihrer Psyche zurückfordern. Andere Frauen, die sich ihrer Erotik und Fähigkeit zur Selbstbehauptung bereits ausreichend bewußt sind, müssen vielleicht erst noch ihr Potential an geduldiger Empfänglichkeit entdecken, das im Bild Ereshkigals repräsentiert ist. Es mag sein, daß sie vorübergehend aus ihren gewohnten Mustern aus- und «hinab»-steigen müssen, in eine Phase der Innenschau (oder auch eine tatsächliche Schwangerschaft oder Depression), um den Prozeß zu vervollständigen, durch den sie ihre Ganzheit schließlich verwirklichen können.

Aber ganz abgesehen davon, wie dieses Muster sich zeigt oder verkörpert, es ist vorhanden und hat zwei Pole, denn der ständige oszillierende Wechsel ist eine Funktion des weiblichen Selbst. Diese unbeständige, rhythmische Qualität des Weiblichen, die sich durch alle Zeiten hindurch immer abwechselnd in der einen, dann in der andern Phase manifestiert, stellt eine zentrale Erfahrung für jede Frau dar. Beide Aspekte der Göttin repräsentieren zwei Seiten einer einzigen Ganzheit, die erfahren und geehrt sein will.

So offenbart uns dieser Mythos das Muster der lebenerhöhenden *circulatio*. Inanna macht sich zielstrebig in die Unterwelt auf und geht dabei bewußt und aktiv auf ihre eigene Opferung zu – ebenso wie die moderne Frau in ihrer Innenschau und durch die notwendigen Regresssionen in die Unterwelt mit den magischen und archetypischen Ebenen des Bewußtseins vertraut werden muß. Sie muß hinabsteigen, um da unten die Anfänge ihrer eigenen Instinkte, das Gesicht der Großen Göttin und ihrer selbst wiederzufinden, die schon existierten, bevor sie in der Matrix wohleingeordneter überpersönlicher Energien zu Bewußtsein kamen. Es ist ein Opfer dessen, was oben ist – an das und für das, was unten ist. (Aus dieser Sicht nimmt Inanna das Bild von Christus und Odin vorweg; und indem sie sich durch die planetarischen Sphären auf der Erde inkarniert, kann sie auch als Vorfahrin der Gnostischen Sophia angesehen werden.)

Inzest mit Mutter oder Schwester

Ich möchte das Thema Inzest mit Mutter oder Schwester zur Sprache bringen, da es in der Bipolarität der Göttin klar enthalten ist. Für eine Frau kann es viele Dinge bedeuten. Im gegebenen Kontext ist es ein Weg, um «der Mutter dunkle Kräfte zu verinnerlichen, anstatt sie zu zerstören oder ihnen zu entfliehen».[87] Der erotische Zusammenhalt erlaubt die intime Verbindung zu den positiven Seiten des Schattens, zu dem die Frau unter Umständen vorher nie bewußten Zugang gehabt hatte. Er bedeutet auch die Rückkehr zur Möglichkeit, mit einer «anderen», die wie sie selbst ist und sie vollkommen zu erfassen vermag, wieder eine innige Verbindung aufzunehmen.

Wir finden hier das Mysterium der Liebe zwischen Mutter und Tochter oder zwischen zwei Frauen, die sich gleich sind. Anne Sexton schrieb in ihrem Gedicht «Das Doppelbild» (The Double Image) über «die Höhle des Spiegels, dieses Doppelweib, das sich selbst anstarrt». Eine Frau träumte während der Therapie: «Ich starre in den Spiegel und sehe dort eine andere, die genau wie ich ist. So gelte ich etwas und bin in Sicherheit.»

Adrienne Rich beschreibt es als «der Spiegel, in dem zwei als eine gesehen werden / Sie ist die eine, die du deine Schwester nennst».[88]

Eine andere Frau malte wiederholt zwei Schwestern, die sich umarmen und deren «zwei aneinandergepreßte Körper wie einer aussehen». Sie erklärte: «Zwei sich umarmende Schwestern bilden eine Person, die stark ist. Dies ist die Art und Weise, wie ich mich selbst bemuttern kann, wenn niemand anders dafür da ist. Ich für mich, wie die Schwester für die Schwester.» Sie schrieb an ihre weibliche Therapeutin als «Schwester». Es ist also mehr als nur eine sprachliche Form, wenn Inanna Ereshkigal ihre Schwester nennt.

Diese Art des Inzests deutet auf eine Fütterung durch den Uroboros hin, jene Art der symbiotischen Verbindung, die eine Frau in ihrem Selbstwertgefühl bestätigt und ihr den Mut gibt, sich ohne Bindung an das äußere Kollektiv mit ihrer eigenen weiblichen Seele zu zeigen. Oft hat das mit dem Bild des Essens zu tun – selbst des Aufessens des Therapeuten –, um der Seele die Fragmente einzuverleiben, die immer noch im Spiegel des anderen Teils der Zweiheit gesehen werden. «Ich möchte, daß du einfach still dasitzest, damit ich dich wieder in mich hineinessen kann», sagte eine Frau. Eine andere sah sich als eine «sich selbst verschlingende Schnecke ... die einfach da unten klebt und langsam meine Wut und Gefräßigkeit und Trägheit in sich aufnimmt, während du zuschaust. Und ich glaube auch, daß du dasselbe getan hast.» Wie ein uroborischer Pelikan (das alchimistische *circulatio*-Gefäß) fühlte sie, daß sie ihre eigenen, zuvor verabscheuten Instinkte verschlingen mußte. Sie nannte sie immer noch bei denselben Namen, die sie ihr ganzes Leben benutzt hatte, um sie als sündig zu brandmarken, denn sie hatte das Gefühl, sie zunächst in ihrem So-Sein ohne Idealisierung annehmen zu müssen.

Während der Therapie gibt es oft eine intensive erotische Übertragung auf die Therapeutin, wenn diese Ebene berührt wird – eine uroborische Verschmelzung, die den durch den Animus bewirkten Rückzug auflöst und eine Wiedergeburt ermöglicht mit der Fähigkeit, Gefühle und Bedürfnisse aktiv ausdrücken zu können. Eine Frau schlief in einer aktiven Imagination mit ihrer Therapeutin und drang in sie ein, während beide durch den Boden hindurch in ein tiefes Becken fielen. Sie fühlte, wie sie sich im warmen Körper ihrer Therapeutin in Flüssigkeit auflöste. Nach einer Spanne seliger Unbewußtheit fühlte sie, wie sie als 5 cm langer Säugling herauskam, «wie das Baby, das Marias Schoß durch einen Lichtstrahl empfangen hatte». Dieser Säugling konnte dann in der Therapie genährt werden. Diese Art des Inzests mit der Mutter ermöglicht die Heilung des Animus-Ich und seine Auflösung im vertrauten therapeutischen Raum, um die Geburt und Ernährung des noch jungen Selbst – hier des Kindes als Symbol der Ganzheit – zu erlauben.

Wie in allen Liebesbeziehungen ist hier die gegenseitige Befruchtung eingeschlossen. Inanna bringt differenzierte Bewußtheit und Aktivität in Ereshkigals Reich, um es aufzurütteln und bewußtes Leiden und eventuell sogar eine Geburt zu bewirken. Als Gegengabe erhält sie ihren eigenen Tod und ihre Wiedergeburt, sie wird fähig, Zeuge dieses Geschehens zu sein, und erhält die Stärke, den Blick in die eigene Tiefe auszuhalten. Im oberen Bereich ist Inanna wie ein Füllhorn, das sich leidenschaftlich im Einweihungsakt ergießt; im unteren ist sie passiv, selbst eine gerade Eingeweihte. Sie ist aufgelöst, eine Erdulderin der Lebensprozesse geworden – hier des Prozesses der Verwesung als einer unterweltlichen Schwängerung, nicht mit einem Kind, sondern mit dem Sein an sich in seinem scheinbar finstersten Aspekt. Gleichzeitig jedoch wird Ereshkigal aktiv und bewußt. Die gegenseitige Befruchtung zwischen den zwei Göttinnen hat auf beide und auf ihre schöpferischen Fähigkeiten eine tiefgreifende Wirkung. Sie verändert schließlich die Beziehung zwischen Ober- und

Unterwelt und schafft eine neue Ausgewogenheit zwischen dem Männlichen und dem Weiblichen in der Oberwelt.

Im analytischen Rahmen kommt diese tiefe gegenseitige Befruchtung unvermeidlich durch die intensive Übertragung und Gegenübertragung zustande, wenn man bei der Arbeit in die magisch-archaischen Ebenen der Psyche vordringt. Typischerweise sind beide Seiten tief davon berührt, weil dabei gleiche oder komplementäre Komplexe angesprochen werden; beide Seiten müssen sich auf die archetypischen Energiemuster beziehen, die durch solche sensitiven Punkte konstelliert werden. Wie Jung lehrte, werden beide Seiten verändert aus der Arbeit hervorgehen, wenn diese ein Einweihungsabstieg ist, da die beiden die Reise gemeinsam machen. Selbst wenn der Analytiker schon durch vieles hindurchgegangen ist, werden durch jeden Patienten noch weitere, neue Bereiche geöffnet. Es gibt also ständig neue Erfahrungen, Einsichten und Überraschungen, neue Offenbarungen, die noch tiefer oder weiter in das grenzenlose Reich der Psyche vordringen.

Der Inzest zwischen Mutter und Tochter hat noch einen weiteren Aspekt, der häufig während der Analyse von sogenannten Vater-Töchtern auftaucht, die ihre schwachen Mütter verleugnet und sich selbst mit dem männlichen Intellekt und Geist über-identifiziert haben. Ihre Mütter wurden als Musterbeispiele von Minderwertigkeit angesehen, denen man unter allen Umständen und mit allen Mitteln entkommen mußte. In diesem Fall kann der Inzest mit der Mutter ein schmerzhaftes Erwachen bedeuten – man wird sich der mit der Mutter gemeinsamen Eigenschaften bewußt, der Identität mit der verachteten Weiblichkeit. Eine Frau, die zunächst ihres Vaters Schattenseiten durchforscht hatte, um sich von der Identifizierung mit ihm zu lösen, begann nun über ihre Mutter nachzudenken. Sie war entsetzt, als sie feststellte: «Ich habe das Leben meiner Mutter wiederholt. Ich dachte, ich sei wie mein Vater und sein Lieblingskind. Aber nun sehe ich, daß ich wie sie bin.

Sie war völlig unterwürfig, gehörte ihm, lebte in seinem Dienst. Beide haben wir uns selbst verloren.»

Eine andere berichtete nach einem Besuch in ihrem Elternhaus verzweifelt: «Ich bin genau wie sie, kleinlich und durchschnittlich und völlig verängstigt. Ich hasse und versuche trotzdem, alle zufriedenzustellen. Ich dachte, ich wäre so stark und intelligent und all dem schon entkommen.» Wieder eine andere Frau, die nur den negativen Schatten ihrer Mutter sehen konnte, begann ihren eigenen Anteil an den Eigenschaften ihrer Mutter zu untersuchen, die sie selbst verletzt hatten: «Ich habe immer schon ihren zerstörerischen Neid gehaßt, aber ich kann sehen, daß ich ähnlich bin. Sie holt irgendwelche Leute von der Straße herein und schiebt ihre eigenen Kinder beiseite – ich füttere meine Studenten und vernachlässige meine eigenen Bedürfnisse. Wir sind uns ziemlich ähnlich!»

In all diesen Beispielen ist die persönliche Mutter identisch mit dem negativen Schatten der Frau, der durch die Projektion auf die Mutter gesehen wird. Erwachsene «Vater-Töchter» empfinden es als erniedrigend, die Bande der Schwäche und des Selbsthasses sehen zu müssen, die sie mit ihren Müttern gemeinsam haben. Diese Einsicht fixiert sie an der Realität und zerstört ihr heldenhaft grandioses Ich-Ideal.

Meistens leitet sie eine Phase der Depression ein, die sie durch ihre Identität mit der erniedrigten, abgelehnten Weiblichkeit zu durchleiden haben, ähnlich wie Inanna zunächst am Pfahl der vergewaltigten und erniedrigten Ereshkigal verfaulen mußte.

Solange die negativen Schatten-Eigenschaften noch nicht in ihrem breiteren kulturellen Zusammenhang gesehen werden, kann sich solch eine Tochter verdammt und hoffnungslos fühlen. Hier kann die feministische Haltung therapeutische Wirkung haben. Wenn man sieht, daß alle Frauen dieser kulturellen Erniedrigung unterworfen sind, begreift man, daß es nicht der Fehler einer einzelnen Frau ist, wenn sie sich zu schwach und unfähig fühlt, aus ihrem eigenen Leben etwas zu machen und auch ihre Tochter dabei zu unterstützen. Diese archetypisch-kulturbedingte Perspektive entlastet die einzelne Mutter und beendet den Teufelskreis der unerfüllbaren Forderungen, der Verletzungen, Frustrationen und Racheakte, die sich manchmal bis ins hohe Alter fortsetzen und jegliche Selbstbejahung verhindern können. Der feministische Standpunkt erlaubt es, die Haltung eines mitfühlenden Zeugen gegenüber dem Selbst und der Mutter einzunehmen. Das strukturiert das Problem neu und erfüllt – wie wir sehen werden – eine ähnliche Funktion wie Enkis Klagefiguren.

V Abstieg, Opfer und Wandlung

Abstieg

Das Motiv des Abstiegs taucht in der Arbeit mit Jung immer wieder auf. (Es kommt gleichermaßen bei Frauen wie bei Männern vor, wenn auch in verschiedener Weise, doch kann ich mich hier nur damit befassen, wie Frauen diesen Prozeß erfahren.)[89] Im Dienst des Lebens beginnen wir immer wieder den Abstieg nach innen, um mehr und mehr von dem «herauf»-zuholen, was vom Selbst in der Unterwelt der Unbewußtheit festgehalten wurde, bis wir schließlich für die Reise selbst stark genug sind und bereit, Libido zu opfern für die Erlösung dieses Teils unserer selbst. Der härteste Weg führt in die primitiven uroborischen Tiefen hinab, wo wir so etwas wie eine völlige Zerstückelung erleiden. Aber es gibt noch viele andere Arten der Erfahrung, zum Beispiel den Abstieg in einen Tunnel, Bauch oder Schoß, in einen Berg oder durch einen Spiegel hindurch. Die eine oder andere leichtere Reise wird wohl zunächst unternommen werden müssen, um Erstarrungen zu lösen und Energie freizusetzen, bevor wir es wagen können, uns den Erschütterungen auszusetzen, die wir beim Vordringen in die Tiefen unserer ursprünglichsten Wunden erfahren. Dort, auf der psychosomatischen Ebene dieser ersten Verletzungen, können wir ansetzen.

Solch ein tiefes Eindringen führt zu einer radikalen Wandlung und Neuorientierung der bewußten Persönlichkeit. Doch birgt dies ebenso wie die Reise des Schamanen oder Inannas

Reise eine wirkliche Gefahr. Man kann nur hoffen, daß der Therapeut diese Reisen mit Hilfe aus dem Unbewußten unter Kontrolle zu halten und zu begleiten vermag, aber einige können seine Kapazität übersteigen oder öffnen unbekannte Schluchten psychotischer Phasen. All diese Reisen ermöglichen den Zutritt zu verschiedenen Ebenen des Bewußtseins und können eine kreative Bereicherung für das Leben bedeuten. Sie alle bedeuten jedoch auch Leiden. Alle können zu einer Einweihung werden. Meditation, Träume und aktive Imagination sind u.a. Methoden dieses Abstiegs. Ebenso sind es Depressionen, Angstzustände und Erfahrungen mit halluzinogenen Drogen.

Die Begründung für Inannas Abstieg hat schon vielen Gelehrten Rätsel aufgegeben. In der ältesten Version des Mythos steht nichts über die Erweckung des Dumuzi-Tammuz, denn sie hatte ihn damals noch nicht nach unten geschickt. Die späteren Ishtar-Versionen legen nahe, daß die Göttin die Toten auferwecken wollte. Ereshkigals Reaktion auf die Einmischung der Himmelskönigin deutet dann auf die Furcht der dunklen Göttin, etwas zu verlieren, woran sie sich festgeklammert hatte, etwas, was für die Oberwelt als tot galt. Dies könnte auch auf ihre Furcht hindeuten, mit einer anderen Bewußtseinsebene konfrontiert zu werden, die sie ihr Elend spüren läßt, so daß sie sich des Leidens bewußt wird.[90]

Die Fachleute tendieren dazu, den Grund, den Inanna selbst für ihren Abstieg angibt, als bloßen Vorwand anzusehen:

> Meine ältere Schwester, Ereshkigal – weil dein Gemahl
> Gugalanna, der Herr, getötet wurde, möchte ich
> der Totenfeier beiwohnen ... So sei es.[91]

Aber ich glaube, daß die Worte ernst gemeint sind: Inanna steigt hinab, um Zeugin der Begräbniszeremonien für den Herrn Gugalanna zu sein.

Der Name Gugalanna bedeutet «Großer Stier des Himmels». Der Stier ist das Symbol der ursprünglichen männlichen Energie, der befruchtenden Kraft der Natur. In Sumer ist der Stier mit verschiedenen irdischen und himmlischen Göttern verbunden. Der Urgott, An, wird «fruchtbarer Zuchtstier»[92] und «großer wilder Stier»[93] genannt, und er war der Schöpfer des Himmelsstieres, den Ishtar bat, die Beleidigung durch Gilgamesch zu rächen.[94] Nanna, der Mondgott, besitzt die beiden gebogenen Hörner, die auch ihn zum Himmelsstier machen. (Später wird er als Gott der Kuhhirten betrachtet.) Auch Enlil gilt als «Verkörperung der Kraft»[95] und «der Frühlingswinde, die die Natur wieder zum Leben erwecken»[96]. Enlil, als Gemahl der Ninlil-Ereshkigal, ist höchstwahrscheinlich der Gugalanna des Gedichts. Der Stier repräsentiert das Erdzeichen Stier, das astrologische Frühlingszeichen gegenüber dem Wasserzeichen Skorpion. Manchmal wird Inanna-Ishtar mit Skorpion-Männern als Bediensteten abgebildet. Sie verkörpert außerdem die Fruchtbarkeit der Erde, und der Stier könnte ihre komplementäre männliche Kraft symbolisieren. Sicher hat sein Tod für sie eine besondere Bedeutung, nicht nur im Gilgamesch-Epos, sondern ebenso in dem Gedicht über ihre Reise in die Unterwelt.

«Gugalanna, der Herr, wurde getötet.» Ich glaube, daß Gugalanna der Unterwelt-Aspekt des Enlil ist. Die Wortwahl im Gedicht läßt darauf schließen, daß es der verdrängte Schatten des Himmelsgottes ist, der nach der Vergewaltigung in die Unterwelt verbannt wurde und dessen Trauerfeier Inanna beizuwohnen hat. Die himmlischen Gott-Väter sind nicht nur rein und bewundernswert. Die patriarchalischen Götter besitzen eine Schattenseite, die ins Unterbewußte abgespalten wurde. Der im Gedicht verwendete Name deutet an, daß dieser Schatten so etwas wie «bullige» Leidenschaft, sadistische Bulldozer-Gewalt, rohes Verlangen und dämonische

Macht darstellt. Dieser sture, stierhafte, verborgene Schatten der Götter ist ein Bestandteil des Patriarchats und seiner heroischen Ideale – Ideale, die das Weibliche zu «übermannen» suchen, um als die Einzig-Wahren im Leben zu gelten und dabei ohne Unterschied jegliche spielerische Empfindsamkeit oder lebendige Beziehungsfähigkeit niederzutrampeln. Inannas Abstieg in die Unterwelt schließt ihre Auseinandersetzung mit diesem archetypischen patriarchalischen Schatten ein. Sie muß die Grenzen der Väter sehen und Zeugin all dessen sein, was bisher unterdrückt wurde. Sie muß Ereshkigal wiederfinden.

Psychologisch bedeutet für moderne Frauen der Tod des Himmelsstieres, daß die Energie, die einmal das Animus-Ich erhalten und befruchtet hatte, nun nicht mehr fließt. Das Vaterprinzip unserer Vorfahren wurde außer Kraft gesetzt und mit ihm die Animus-Ideale und -Maßstäbe, die der «Vater-Tochter» ihre Identität verleihen konnten. Diese Identifizierung kann auf verschiedene Weise gelöst werden. Wenn die Frau erst einmal hinter die Fassade des idealisierten Vaterbildes zu schauen vermag, kann sie die menschliche Zerbrechlichkeit entdecken, die dahinter versteckt ist, und kann sich von der hypnotischen Faszination durch dieses Ideal freimachen. «Was ich an meinem Vater als Vitalität und Stärke und Intelligenz gesehen hatte, entpuppte sich als der ‹Zauberer von Oz›. Er ist nur ein kleiner Mann hinter dem Vorhang, der sich aufzublasen versucht und mit seinem ganzen künstlichen Zauber kaum zurechtkommt», so urteilt eine Frau, die einen Einblick in die wirklichen Tatsachen im Leben ihres Vaters bekam. Eine andere Frau träumte von ihrem Vater als Inquisitor – sie konnte den archetypischen Schatten hinter den christlichen Tugenden sehen, die ihr Vater als Geistlicher ihr eingetrichtert hatte. Als sie von dem Traumbild erzählte, sagte sie mit Verwunderung und Entsetzen: «Sie haben Frauen verbrannt.» Es gelang ihr zum ersten Mal, dem Sadismus ins Auge zu sehen, der in den von ihr verehrten patriarchalischen Idealen mitenthalten war, und ihn als Feind des Weiblichen und ihrer selbst zu entlarven.

Wenn eine «Tochter der Väter» die Irrelevanz dieser Tugenden und Konzepte für ihre eigene Persönlichkeit und die Verwirrung, die sie in ihr gestiftet haben, zu erkennen beginnt, kann sie endlich anfangen, sie loszulassen. Dann schaut sie mit Ereshkigals klaren, objektiven Augen. Eine Frau sah einmal ihres Vaters Inkonsequenz als eine Art Anhänger, den sie um den Hals tragen mußte und an dem ringsum ein Durcheinander von kleinen Schildern klimperte, mit denen ihr Vater sie versehen hatte. Der Wind blies sie jeweils so an, daß sie nacheinander lesbar wurden. So konnte sie sehen, daß die Worte darauf wenig mit ihr selbst zu tun hatten. Sie empfand bei dieser Erkenntnis jedoch einen echten Verlust und beklagte das Ende eines Systems, das ihr Identität und ihrem Leben Bedeutung verliehen hatte. Diese Bedeutung war nie in der Wirklichkeit gegründet – sie träumte von riesigen Balken, die im Himmel schwebten und sie bedrohten –, aber die Illusion hatte scheinbar ihrem Leben Halt gegeben. Sich mit dem Verlust dieser Illusion auseinanderzusetzen, kann für eine Tochter der Väter wie das Trauern um einen Toten sein. In der Depression, die dann oft folgt, muß sich die Frau von all den Idealen losreißen, die das Weibliche vergewaltigt und das Oben vom Unten getrennt haben. Sie ist nun gezwungen, nach innen zu schauen und sich selbst zu opfern, wenn sie ihre alte Identität aufgibt und auflöst. In dieser Weise geht sie Inannas Weg.

Inannas Todeshochzeit

Die Göttin steigt ursprünglich hinab, um den Tod des Himmelsstieres zu bezeugen. Der nächste Teil des Mythos enthält ihre Todeshochzeit – Pfählung und Tod auf dem phallischen Pfahl der dunklen Göttin, ihren Inzest mit der Yang-Seite der Mutter. Im Mythos reist Inanna als Braut gekleidet in die Unterwelt. Sie trägt einen Balsam mit Namen «Laß ihn kommen, laß ihn kommen» auf ihren Augen und auf ihrem Leib den «Komm, mein Mann, komm»-Brustschmuck. Sie scheint zunächst ihre Verführungskünste anwenden zu wollen, um den Toten wiederzuerwecken, um den Himmelsstier neu zu beleben. Aber sie geht als «Zeugin» zu den Zeremonien, sie spricht: «So sei es» – als ergäbe sie sich wissend in ein ihr vorbestimmtes und vorausgeahntes Schicksal. Es ist auch ihre eigene Totenfeier, und sie bereitet sich darauf vor. So kann sie sich für den Empfang der mächtigen Kräfte öffnen, die in der Unterwelt schlafend liegen. Wie jeder Einzuweihende liefert sie sich selbst zum Opfer aus, um neues Wissen und neue Macht zu erringen.[97] Wie der Same, der absterben muß, um wiedergeboren zu werden, unterwirft sich die Göttin des Kornspeichers. So heißt es in einem Gedicht, daß das gute Metall, der gute Stein und das gute Kistenholz von Handwerkern bei ihrer schöpferischen Tätigkeit zerbrochen werden;[98] genau so liefert Inanna sich aus, sie läßt sich zerstören um der Neuschöpfung willen.

Opfer und Energieaustausch

Das Opfer ist die Basis der ursprünglichen Fruchtbarkeitsriten. Inanna opfert sich selbst, sie bezeugt den Tod der Fruchtbarkeit und gibt sich als neues Saatkorn hin. Sie bietet ihre eigene Libido dar, um die versiegte Quelle aufzufüllen. Es ist dies das freiwillige Opfer, auf dem die ununterbrochene Schöpfung beruht. Eliade sagt dazu:

> Der Mythos der Geburt eßbarer Pflanzen ... erfordert immer das freiwillige Opfer eines göttlichen Wesens. Dies kann eine Mutter sein, ein junges Mädchen, ein Kind oder ein Mann ... (In diesem äußerst weitreichenden mythologischen Motiv) ist die grundlegende Idee, daß neues Leben nur geboren werden kann, wenn anderes dafür geopfert wird. Der gewaltsame Tod ist schöpferisch in dem Sinne, daß das hingegebene Leben ... auf einer anderen Existenzebene wieder manifest wird. Jedes Opfer bringt gigantische Veränderungen mit sich.[99]

Die Riten der Erdmutter fordern einen *hieros gamos* (Heilige Hochzeit) und/oder den gewaltsamen Tod. In kollektiven Riten ist derjenige, der geopfert wird, der Sündenbock der Gemeinschaft. Das Opfer wird der Erdgöttin dargeboten, damit sie «gute Ernten, Jahreszeiten und Gesundheit» gewähre.[100] Es ist «das Säen, das die Erdmutter befruchtet».[101] Erich Neumann drückt es so aus:

> Dem Opfer des Männlichen, des Sohnes, durch die Mutter ging früher das Opfer der Tochter voraus ... Das Opfer ist einmal eine Frau und ein anderes Mal ein junges Mädchen, die jeweils die Rolle der Erdgöttin (wie der Mais) spielen. Sie wird enthauptet und ihr Blut über

> Früchte, Samen usw. gesprengt, um deren Wachstum zu fördern ... Die wesentlichen Elemente in diesem Fruchtbarkeitsritual sind die Enthauptung der Frau als Göttin, das befruchtende Blutopfer und das Einkleiden des ... Priesters in ihre Haut.[102]

Solche Rituale waren weit verbreitet. Es gibt Hinweise dafür im antiken Mexiko, bei den Pawnee-Indianern[103] und wahrscheinlich bei den Vorläufern der Sumerer. Wahrscheinlich weisen die späteren Schweineopfer in Athen auf die gleiche Notwendigkeit hin: Sie wurden nach dem Opfer zerstückelt und im verwesten Zustand in der Erde vergraben, um sie fruchtbar zu machen; sie wurden von der Erde genommen und der Erde zurückgegeben, damit neues Leben wachsen kann.

Während Inanna sich in der Unterwelt aufhielt, gab es auf der Erde weder Wachstum noch Paarung. Die Göttin hatte sich als Opfer ihrer selbst zurückgezogen: Sie war der erste Sündenbock. An diesem Opfer können wir sehen, wie Inanna das Leben im Gleichgewicht hält. Aus «himmlischer Höhe» begibt sie sich nach «der Erde tiefstem Grund». So hoch sie war, so tief mußte sie hinabsteigen – von der Extravertiertheit und Aktivität hin zur Trägheit und Passivität eines Stück Fleisches, vom differenzierten Ideal zum undifferenzierten Uranfang. Nur so kann das Gleichgewicht, das zur Erhaltung des Großen Runden erforderlich ist, erhalten bleiben. Es ist der Austausch der Libido gegen notwendige Erneuerung.

An diesem Mythos können wir sehen, daß der Sündenbock ursprünglich nichts mit dem Büßen von Sünden oder mit irgendwelchen ethischen Maßstäben zu tun hatte, sondern nur mit der Notwendigkeit, das Gleichgewicht der Energie im gesamten Lebenssystem aufrechtzuerhalten – entsprechend dem Gesetz von der Erhaltung der Energie. Nichts kann sich verändern oder wachsen ohne das Opfer eines anderen, der das Wachsende speist. Dies ist die tiefe Erfahrung der Schwangerschaft und all der blutigen Mysterien, die Leben erschaffen und erhalten. Es ist sowohl dem matriarchalischen Bewußtsein wie auch der Physik bekannt. Es ist die Grundlage der Psychologie und aller Transformationen. Jungs Libido-Theorie gründet sich auf dieser tiefgreifenden kosmischen Ordnung.

Der Mythos von Inannas Abstieg und Rückkehr konzentriert sich auf diesen Archetyp des Energieaustauschs durch Opfer. Er enthüllt ein umfassendes Muster: Der Himmelsstier wird getötet, die Erde verliert ihre befruchtende Kraft, wird aber durch das Opfer der Göttin entschädigt. Inanna wird zum Fleisch der Unterwelt, deren Nahrung und «Kompost», und wird wiederum mit Enkis Hilfe losgekauft. Der Aufstieg der Göttin muß von Ereshkigal bezahlt werden durch die Geburt von etwas Mißgestaltetem, durch Leiden und schließlich durch den Abstieg eines Ersatzopfers.[104]

Schließlich wird auch Dumuzi (der Ersatz) zum Teil durch das Opfer seiner Schwester zurückgekauft. In dieser archetypischen Kette des Austauschs fließt die Libido von einem Muster ins andere, nichts kann sich ihr entziehen. Alles ist am Werden und Vergehen beteiligt – Opfer, Tod, Verfall, Wiedergeburt –, weil es Teil der Dynamik vom Leben des Großen Runden ist.

Auf der psychischen Ebene wird das langsame Fortschreiten dieses Austauschs als schmerzhaft und langwierig erlebt. Wir identifizieren uns mit dem Aspekt, der uns am nächsten ist, und können nur selten eine vorläufige Erleichterung erfahren. Sie wird uns zuteil in Augenblicken der Erleuchtung, wenn wir das ganze Muster aus einer transzendenten Perspektive sehen. Obwohl unsere Depressionen und das Opfer unserer unvollständigen Ideale und Illusionen Mittel sind, um den Austausch der Libido (analog zum Ritual im Mythos) in Gang zu bringen, wird der ganze Prozeß oft nur als quälend erfahren, und das steigert sich, je mehr wir uns für unsere Depressionen selbst tadeln. Wir sind gezwungen, alles Liebgewordene, wofür wir teuer bezahlt haben, dahinzugeben. Und wir können noch nicht einmal wissen, ob der Verlust in der Weise ausgeglichen wird, wie wir es wünschen.

Das Opfer kann u. U. das Gleichgewicht der Energie an einer anderen Stelle im gesamten psychischen System verändern, wo wir Veränderung gar nicht wünschten. Was wir wissen, ist dies, daß die Erneuerung und die Verbindung mit den Kräften der Unterwelt das alte Muster durchbrechen wird und den Tod einer *Gestalt* – den Tod einer scheinbar intakten Identität –, mit der wir auf einer gewissen Ebene bequem leben konnten, mit sich bringen wird. Solch eine Zerstückelung werden wir nicht unbedingt selbst herbeiführen wollen, es sei denn, unser Leiden ist bereits unerträglich.

Im Bild des bipolaren Energiefeldes der Göttin ist enthalten, daß Inanna ihren Unterweltaspekt zurückgewinnen muß. (So nimmt auch Hera einmal jährlich ihr verjüngendes Bad, das ihr die Jungfräulichkeit wiederbringt.) In der an den Himmelsgott gerichteten Klage Inannas über ihre Heimatlosigkeit wird psychologisch eindeutig ausgesprochen, daß für die Töchter des Vaters dieser Abstieg notwendig ist. Inanna wurde enteignet und verlor sich selbst als Mittelpunkt ihrer Selbst-Bejahung und Selbst-Annahme. Sie muß ihre Abhängigkeit von den patriarchalischen Göttern opfern, um ihre wahre Heimat im Ur-Weiblichen und im sich wandelnden Grund des Seins zu finden. Denn als Tochter, Schwester und Tempeldienerin der männlichen Himmelsgötter mußte sie die Beschneidung ihrer Fähigkeiten erleiden, was viele von uns kennen (ja sogar genießen). Wir sind es gewohnt, grundsätzlich durch und für unsere männlichen Partner und unseren Animus zu existieren.

In einem Gedicht wird erzählt, Inanna habe den von ihr selbst gewählten Gemahl, den Gott der Bauern, aufgegeben, um statt seiner auf ihres Bruders (des Sonnengottes) Drängen hin den Schafhirten Dumuzi als Ehemann zu nehmen.[105] Dabei hat Inanna nicht den Standpunkt ihrer eigenen Gefühle behauptet. Sie wurde überredet. Vielleicht war es unvermeidlich oder sogar notwendig für sie. Aber als Hetäre, die die Freuden des Lebens spendet und genießt und den männlichen Göttern dient, ist sie ständig in Gefahr, sich um der guten Beziehungen willen in Unterwürfigkeit zu verlieren. So muß sie zur dunklen, ungeliebten weiblichen Gottheit zurückkehren, um ihre eigene Potenz zu erneuern – doch nicht, um sie als Schild zur Verteidigung zu benutzen wie Athena, die sich die Gorgonenmaske einfach umhängte, sondern um durch sie innerlich umgewandelt und wiedergeboren zu werden, verbunden mit der ganzen Fülle weiblicher Instinkte.

Abstieg als kontrollierte therapeutische Regression

An vielen Frauen und an mir selbst, den erfolgreichen Töchtern des Kollektivs, den meist mutterlosen Töchtern des Animus und des Patriarchats, konnte ich sehen und erfahren, daß wir (so Michael Balint) an einem grundlegenden Mangel leiden. Wir haben keinen ausgeprägten Sinn für unsere ur-eigene Basis, keine Verbindung zu unserer eigenen Stärke und unseren eigenen Bedürfnissen, die uns zu einem weiblichen Ich verhelfen können, das wandlungsfähig, elastisch und im Gleichgewicht von Yin und Yang ist. Es besteht ein Mangel in den tiefsten Schichten unserer Persönlichkeit, eine tiefe Spaltung, die durch die Treue gegenüber den Idealen des Über-Ich aufrechterhalten wird, die schon lange nichts mehr zum Wachstum des Lebens beitragen. Durch dieses Hängen an Idealen bleibt das Ich der Wirklichkeit entfremdet, bleibt rückläufig, künstlich aufgeblasen, mit sich selbst identifiziert. So müssen wir uns einer «kontrollierten Regression» ins Grenzgebiet der dunklen Unterwelt-Göttin unterziehen – zurück zu unserer Ursprünglichkeit, zurück zu den magischen und archaischen Ebenen des Bewußtseins und zu den überpersönlichen Leidenschaften und Ekstasen, die uns dort unten nähren, aber auch verzehren können; zurück zum Geist des Leibes und zu den der Sprache unzugänglichen Tiefen von Schoß und Grab, zum Ur-Weiblichen, der «zweifachen Mutter», die Jung beschreibt.[106]

Auf dem Weg nach unten schütteln wir die Identifikationen mit dem Animus und die Abwehrmechanismen gegen ihn ab. Wir wenden uns nach innen, den anfangs erniedrigenden und zerstörenden, letztendlich aber sichereren und ursprünglicheren Ebenen zu. Dort können wir schließlich lernen, wie wir in einer neuen Weise überleben und den Augenblick der Wiedergeburt erwarten. Manchmal müssen wir lange warten, damit beschäftigt, unsere Uranfänge aus einer neuen Perspektive kennenzulernen und uns von überholten Meinungen zu befreien – ein Leben in der Schwebe. In den Tiefen der Unterwelt bekämpfen sich in uns zunächst die widersprüchlichen chaotischen Energien des Großen Runden, während wir uns ausgelaugt und kraftlos fühlen. Sie zerstückeln den alten Animus-Ich-Komplex und seine falschen Identifizierungen.

Therapeutische Arbeit auf dieser Ebene berührt die tiefsten Affekte und vorsprachlichen «infantilen» Phasen. Der Therapeut muß bereit sein, sich darauf einzulassen, wo es sich als nötig erweist. Dies kann auf der Körper-Geist-Ebene sein, weil das Gegenüber noch keine Vorstellung seiner Körperlichkeit hat. Instinkte, Affekte und Sinneswahrnehmungen werden als Körpersignale empfunden, die man verstärken kann, damit Erinnerungen oder Bilder aufsteigen. Schweigen, eine annehmende Haltung, Spiegelung, Berührung, Umarmung, Ton und Stimme, Gebärden, Atmen, averbales Tun wie Zeichnen, Sandspiele, Bauen mit Steinen oder Ton, Tanzen – all dies hat in der Therapie Zeit und Raum.

Auf diesen magischen matriarchalischen Ebenen sind die

rituellen Elemente sehr wirksam und müssen respektiert, sogar gefördert werden. Die Gesten und Handlungen eines Psychodramas können hilfreich sein, um einen bestimmten Raum, ein Gefühl, eine Bedeutung oder ein archetypisches Muster neu- oder nachzugestalten. Doch vor allem muß sich der Therapeut von Traum- und Phantasiebildern und den machtvollen Gefühlsbindungen führen lassen, die durch Übertragung und Gegenübertragung zustande kommen, und muß erspüren, wie und in welche Richtung der innere Prozeß ablaufen will. Die Haltung des Therapeuten sollte es jeder Person ermöglichen, mit ihm resp. ihr in der Weise zusammenzuarbeiten, die gerade notwendig ist. Dies kann zu allen möglichen kreativen Improvisationen führen – Handlungen, Gesten, Zugeständnissen, seien sie symbolisch oder wörtlich –, um das verdrängte, versteckte, unentwickelte Ich zu berühren und ihm zu helfen, wie es lernen kann, Selbstwertgefühl und Vertrauen zu entwickeln.

Solch mütterlich unterstützendes und begleitendes Verhalten hat tiefgehende Folgen, die allerdings oft verborgen oder unausgesprochen bleiben. Ihre Wirkung mag manchmal nur in Traumbildern zutage treten oder wird Jahre später im Rückblick als Wendepunkt in der Arbeit bezeichnet. Oft ist ein Teil der Auswirkungen dem Gefühl des Patienten oder des Analysanden zuzuschreiben, daß solch weitgehende Annahme und Teilnahme über die konventionellen Regeln einer verbalen Therapie hinausgeht und deshalb beweist, daß der Therapeut zu «unorthodoxem» Handeln und dem Über-Ich ein Schnippchen zu schlagen bereit ist. Dies scheint dem anderen ein tiefes Gefühl der Verbundenheit zu vermitteln, fühlt er sich doch auf der archaisch-matriarchalischen Ebene wertgeschätzt. Der Therapeut als Träger archetypischer Projektionen muß die intimen Gefühle und Bedürfnisse des anderen annehmen und sich um sie mehr kümmern als um abstrakte, gesellschaftliche Konventionen.

Jung beschreibt den Abstieg zur Ebene der Pflanze als «den Weg nach unten, den Yin-Weg ... (zur) Erde, der Dunkelheit der Menschheit».[107] Genau dahin müssen wir modernen Frauen hinabsteigen – wie die Göttin Inanna. Wir müssen in jene ungeordneten Tiefen hinabdringen, wo die Extreme von Schönheit und Häßlichkeit gemeinsam bestehen oder sich in einem paradoxen, scheinbar sinnlosen Zustand auflösen. Selbst die Königin der Schönheit wird dort zu rohem, fauligem Fleisch. Das Leben verliert sein Aroma. Aber dieser Vorgang ist heilig – auch das Absterben –, denn in ihm unterwerfen wir uns Ereshkigal und den Mysterien der Zerstörung und Wandlung, die sie symbolisiert.

VI Die Entschleierung und der Weg durch die Tore

Die Entschleierung

Der Prozeß, durch den die Sternengöttin sich der konkreten Welt und der Fleischwerdung in ihr unterwirft, schließt ihre Entschleierung mit ein. Dieses Motiv symbolisiert die Beseitigung alter Illusionen und falscher Identitäten, die in der oberen Welt nützlich erscheinen mochten, in der Unterwelt aber einfach nicht zählen. Dort steht man nackt vor den alles durchdringenden Augen der dunklen Göttin. Entschleierung bedeutet völlige Entblößung, die Entschleierung der Göttin vor sich selbst – der erste Striptease. Hier drückt sich die Notwendigkeit aus, sich ganz nackt und schutzlos den Augen des Todes auszuliefern, dem dunklen Auge des Selbst, das die offen daliegende Seele schonungslos untersucht.

Jung schreibt, daß oft «die Entkleidung das Herausziehen der Seele symbolisiert».[108] Er zitiert einen alchimistischen Text: «Entkleide mich, auf daß meine innere Schönheit enthüllt werde.»[109] Die innere Schönheit ist die Seele, das Kind von Sonne und Mond. Aber Jung fügt hinzu: «Das Ausziehen bedeutet auch die Putrefaktion», und folglich wird in der Alchemie «die *nigredo* auch durch das ‹Gewand der Dunkelheit›» dargestellt.[110]

So können im Entkleiden sowohl Verwesung als auch die Entblößung der Seele symbolisiert sein, denn das Kleid ist das Fleisch der Inkarnation und der Tod das Ablegen dieser sterblichen Hülle. Das Entkleiden bedeutet für das menschliche

Wesen, das in einem Körper-Ich inkarniert ist, eine Art Ent-Körperung – das Ende einer Existenzform des Körper-Ich und die Enthüllung des verborgenen Selbst. Auf der anderen Seite stellt für die Sternengöttin und für die nicht genug «verkörperten» Vater-Töchter die Entschleierung einen Prozeß dar, durch den sich die Seele in irdischer Materie verkörpern kann.

Entschleierung hat auch mit Exhibitionismus zu tun – dem Bedürfnis, vor die Göttin nackt hinzutreten. Für uns bedeutet es jedoch oft das Ausziehen vor uns selbst, wenn wir uns ausgeliefert fühlen, speziell wenn Eltern und andere, die das Selbst zunächst darstellten, sich über uns in frühen Lebensjahren lustig gemacht haben. Und doch ist es gerade dieses Sichausliefern, das die Wertschätzung des Körper-Ich durch das Selbst und die Große Göttin auslöst. Wenn alles enthüllt ist, finden wir alle ihre objektive Bejahung. Wir werden gesehen, und deshalb existieren wir. Aber dafür müssen wir uns entblößen und nackt ausliefern.

Diese Entschleierung fällt einer Vater-Tochter äußerst schwer (und wahrscheinlich ist es kein Zufall, daß Athene in voller Rüstung geboren wurde), denn sie bedeutet, daß die Widerstände wie auch Illusionen der Identität, im Gedicht durch die Würdeabzeichen der Oberwelt symbolisiert, aufgegeben werden müssen, jene Rollen und Zeichen der Macht und des Status, die vom Patriarchat verliehen werden und die der Frau als Surrogat, als Persona-Identität dienen, solange sie für die Väter und den Animus die Handlangerin spielt.

Auch für Therapeuten, die auf den tiefsten Ebenen arbeiten, ist dieser Entschleierungsprozeß äußerst wichtig. Er erlaubt es, uns von der Wirklichkeit des Anderen, von der vollen Kraft der Affekte durchdringen zu lassen, ohne uns hinter unsere Berufs-Persona zurückzuziehen. Nur so können wir durch unsere innere, selbst-erfahrene Wirklichkeit dem Patienten eine ehrliche Orientierung geben. Nur so können wir vermeiden,

den anderen in seiner vermeintlichen Subjektivität zu isolieren – was er als Hölle empfindet. Ich meine damit z.B., alle seine Äußerungen als Projektion abzutun. Im Reich der dunklen Weiblichkeit gibt es keine Möglichkeit, sich zu verstecken. Man entdeckt uns durch unsere Träume und die Komplexe, die sich melden. Auf der tiefen Ebene der Übertragung und Gegenübertragung verschmilzt das Äußere mit dem Inneren, und zwei Individuen haben teil an der gleichen psychischen Realität im Kraftfeld der *participation mystique*. So ist es mitunter schwer, zu unterscheiden, welcher Affekt oder welches Bild zu wem gehört. Der Mythos sagt, daß dieses Phänomen zu den Gesetzen der Unterwelt gehört: Diejenigen, die sich dorthin begeben, müssen ihre Hüllen fallen lassen. Der Analytiker und der Analysand treffen sich in einem gemeinsamen tiefen Gefäß, um dort die Wandlung durch die Todes-Hochzeit zu durchleiden, die die Göttin von ihnen fordert.

Die esoterische Bedeutung des Entschleierungsprozesses und die Bedeutung, die man im Osten kennt, ist nach den Worten der Bhagavad-Gita das Abwerfen von Identitäten: «Genauso wie ein Mensch getragene Kleider abwirft und neue anzieht, wirft das innere Sein den verbrauchten Körper ab und kleidet sich in einen neuen.» Abstieg und Rückkehr der Göttin Inanna übermitteln ebenso wie die Eleusinischen Mysterien die Botschaft, daß das innere Leben unauslöschbar ist. Die Gelehrten meinen, daß die Sumerer und Akkadier nicht an die Reinkarnation glaubten, obwohl doch die akkadische Ereshkigal das «Wasser des Lebens» besaß und benutzte, um Inannas Leiche wieder zum Leben zu erwecken. Das Motiv bezieht sich vielleicht mehr auf eine neue Geburt und Erleuchtung des Bewußtseins. Inanna wirft alte Identitäten ab, wird zu roher Materie reduziert und dann wiedergeboren. In ähnlicher Weise legen Menschen, die durch eine Einweihung gehen, in einem heiligen Wandlungsprozeß ihre alten Identitäten ab und legen neue an. Der Entschleierungsvorgang ist Teil des Einweihungsrituals. Dieses Motiv könnte auch in den Vorbereitungen zur Tempelprostitution zu finden sein. Ebenso wie moderne Nonnen ihrer weltlichen Identität entkleidet werden, so hatten die Priesterinnen in Inannas Tempeln sich wohl einem ähnlichen Prozeß zu unterziehen – bis hin zur Kreuzigung durch den unpersönlichen Phallus irgendeines Mannes, der sie für die Erfahrung ihrer Sexualität als Teil des Dienstes an der Göttin öffnen mußte.

Aus einer anderen Perspektive zeigt die Entschleierung Inannas – und der Einzuweihenden, die ihr folgen – die Entwicklung verschiedener Bewußtseinsstufen. Sie trägt die sieben Königszeichen auf den Stellen ihres Körpers, wo die jeweiligen Kundalini-Chakras liegen. Sie trägt Krone, Stab oder Ohrgehänge (entsprechend verschiedener Versionen des Mythos) und Halskette, Brustschmuck, einen goldenen Ring oder Hüftgürtel, Armbänder und ein Gewand der Königin (in der akkadischen Version Beinkleid genannt). Wenn sie diese Gegenstände ablegt und später wieder anlegt, soll die Aufmerksamkeit möglicherweise auf die verschiedenen Chakren gelenkt werden.[111] Sie wird vom Kronenchakra und seinem kosmischen Bewußtsein der seligen Vereinigung aller Gegensätze (über die Inanna regiert) bis hinunter zum nackten Muladhara-Chakra gelenkt – der starren, trägen Materie der Inkarnierung, den nackten Tatsachen und der Grundlage körperlicher Existenz, hinunter also bis zum Wurzelchakra, wo alle Lebenskeime im Schlaf liegen, wo sie in einer weiteren Vereinigung von Gegensätzen wieder erneuert werden.

Die Tore

Die sieben Tore zu Ereshkigals Reich haben Parallelen in der ägyptischen Mythologie. Neumann beschreibt «die sieben Wohnungen der Unterwelt ... (als) sieben Aspekte des Weiblichen».[112] Die weiblichen Torhüter in Ägypten nennt er «die Gesamtheit der Erscheinungsformen des Großen Weiblichen in seinem vorwiegend furchtbaren Aspekt».[113] Derartige Differenzierungen der sumerisch-akkadischen Ungeheuer der Unterwelt entstanden, nachdem der Abstiegsmythos niedergeschrieben wurde. In ihm gibt es nur einen Torhüter: Neti. Genau besehen stehen die sieben Tore vielleicht in Beziehung zu den sieben Planetenpositionen, mit denen sich der Planet Inanna-Ishtar während seines Auf- und Absteigens jeweils in Konjunktion begibt. Die Sumerer führten genaue astronomische Aufzeichnungen über die Planeten, auch über die Rückkehr der Venus,[114] alle mit ihren verschiedenen metallischen und psychologischen Entsprechungen.[115] Es würde hier zu weit führen, uns noch eingehender mit der Bedeutung jedes Tores zu beschäftigen – wir müßten auf die Psychologie der Chakren und Planeten, deren Bedeutung für Symbolik und Instinkt und die Rolle des Therapeuten im Umgang mit diesen Energien eingehen.

Die Tore stellen außerdem Stationen eines heiligen Einweihungsweges dar, entsprechend den verschiedenen Kreuzwegstationen. Sie tauchen als Motiv in manchem modernen Traummaterial auf. Eine Frau träumte von einer unschuldigen Marilyn-Monroe-Figur, die durch sieben Balkone hindurchfiel und schließlich ein blutiges Ende fand. Im Traum warf eine tiefe Depression ihre Schatten voraus und führte die Träumende an explosive Primäraffekte heran, die ihr den Zugang zu ihrer eigenen Psyche öffneten. Eine andere träumte davon, ihren Urin durch sieben Siebe hindurchfiltern zu müssen. Sie sagte: «Ich muß aufpassen, dem Bereich der Flammen nicht zu nahe zu kommen. Meine Gefühle explodieren sonst und zerstören alles.» Sie sah ihren analytischen Prozeß als möglichen Abstieg in die Hölle, wo ihre ordentlichen Kontrollmechanismen ihrem Leben nicht länger nützen konnten. Durch die Sorgfalt, mit der sie ihren Abstieg schließlich vollzog, wurde die Arbeit weniger überstürzt als im Fall der erstgenannten Träumerin und gab ihr die Sicherheit, daß ihre Psyche eine Geschwindigkeit wählte, die in Übereinstimmung mit ihren Bedürfnissen war.

VII Zeuge sein und Weisheit suchen

Ninshubur

Vor ihrem Abstieg plante Inanna eine Strategie für ihre Rettung und unterwies Ninshubur, wie sie auszuführen sei, wenn sie von ihrer Reise nicht binnen drei Tagen zurückkehre. Sie wußte vorher, daß sie Hilfe benötigen würde, wenn sie in der Unterwelt steckenbleiben sollte – ein vertrautes Motiv aus der Mythologie und aus der therapeutischen Praxis.

Die Figur Ninshuburs als Vertraute Inannas zeigt die priesterliche Organisation der Tempel sumerischer Götter und Göttinnen. Sie waren wie ein großer Haushalt mit Personal ausgestattet. Ninshubur – ihr Name bedeutet Königin des Ostens – ist der weibliche Kammerdiener der Großen Göttin. Sie ist die irdische, ausführende rechte Hand Inannas, die gerufen wird, wann immer die Göttin Hilfe bei der Erfüllung ihrer Bedürfnisse oder Vorhaben benötigt. Sie führt den königlichen Bräutigam zum Brautbett der Göttin. Und als Inanna sich die *me,* die Ordnungsprinzipien der Welt, von Enki erschlichen hatte, indem sie ihn betrunken machte, rief die Göttin Ninshubur zu Hilfe, um sich den Weg zum Erech-Tempel zu sichern. Ninshubur hatte auch die grimmigen Abgesandten des Weisheitsgottes abzuwehren, die Inanna nachgeschickt wurden, um die *me* zurückzuholen.

Im Abstiegsmythos ist es Ninshubur, der Inanna ihre Rettung anvertraut. Nachdem ihre Herrin nach drei Tagen nicht zurückgekehrt ist, weckt sie als getreue Dienerin die Männer und Frauen schreiend auf und ruft schließlich die Himmelsgötter um Hilfe für die Göttin.

Im psychischen Bereich scheint sie den Aspekt unserer Person darzustellen, der oben auf dem festen Boden bleibt, während sich die Seele hinabbegibt, jene noch bewußt funktionierende Komponente der Psyche, die den Geschehnissen unten und oben als Zeuge zuschauen und doch am Schicksal der Seele Anteil nehmen kann. In der Therapie ist es die Ebene, die noch offen für Gefühle ist, die noch Verantwortung für Handlung und Verständnis zu übernehmen und die therapeutische Verbindung aufrechtzuerhalten vermag, während ein Großteil der Energie des Patienten im Unterbewußten zu finden ist. Diese Funktion entspricht dem bemerkenswert starken, demütigen Bewußtsein, das dem Leben seinen Fortgang ermöglicht, das psychotische Schübe und den völligen Verlust der Seele verhindern und die Seele auf ihrer Reise unterstützen kann, damit sie schließlich findet, was sie finden muß. Es ist die Fürsprecherin des Selbst, die Inanna gehört hat, die die Tage gezählt hat und die aus tiefster Brust um Hilfe ruft, wenn die Göttin zu lange ausbleibt. Ninshubur ist für mich der Ausdruck für eine zutiefst weibliche priesterliche Funktion, die das Selbst vertritt und die das ausführende Organ der Befehle des Selbst ist, besonders dann, wenn die Seele am meisten bedroht ist.

In den Gedichten, die Ninshubur erwähnen, hat sie kein Eigenleben, keine Eigenschaft über die der Dienerin hinaus. Sie führt einfach präzise und kompetent die Anweisungen der Göttin aus. In ihrem reinen, ego-losen Gehorsam ist sie fast unsichtbar – auf Inannas Bitte hin kleidet sie sich wie eine Bettlerin. Und doch hängt von der Integrität, Ergebenheit und Handlungsfähigkeit der «treuen Dienerin» Ninshubur die Wende im Mythos ab, jene Wende, die die wiedergeborene Inanna der Welt des Großen Oben zurückgibt. So sagt es die Göttin im Gedicht: «Sie war es, die mein Leben rettete.»[116]

Eine Frau rief ihre Therapeutin an, um ihr zu sagen, daß sie

Selbstmordabsichten hege und sich dabei ertappt habe, wie sie einen großen Schokoladenkuchen verschlang, den sie nachher wieder erbrechen mußte. Ihr war während der Therapie bewußt geworden, daß ihr gieriges Verhalten dazu diente, sich selbst zu füttern, wenn sie sich verletzt fühlte, und sie konnte ihre gegenwärtige Qual dunkel mit ihrer Furcht verbinden, von einer männlichen Autoritätsperson zurückgestoßen zu werden. Als sie dann begann, sich von ihrem gewohnten Verhaltensmuster zu lösen, das sie zwang, ihre Schuldgefühle ständig auszuagieren, war sie so verzweifelt, daß sie ihre Therapeutin anrufen mußte – obwohl in diesem Moment «Telefonieren fürchterlich abhängig machte und erniedrigend war». Diese Haltung, Zeuge der eigenen Handlung zu sein und deshalb um Hilfe bitten zu können, war neu für sie – eine Haltung, die ihre angeborene Ninshubur-Funktion ans Licht brachte: die Fähigkeit, zu sehen und zu tun, was für die eigene Seele wertvoll und notwendig ist.

Suche nach untauglichen Helfern

Inanna weist Ninshubur an, zuerst den Himmelsgott Enlil, den All-Vater, aufzusuchen, dann Nanna-Sin, den Mondgott, ihren eigenen Vater, und dann Enki. Warum schickt sie Ninshubur nicht zu ihrer Mutter oder zu Ninhursag, der Erdmutter? Die Dichter ihrer Kultur schätzten Inanna leider schon so ein, daß sie die Macht des Männlichen höher achtete als die Macht der Mütter. Das könnte daher rühren, daß sie als Tempeldienerin der Götter das kulturell stärkere Potential in ihnen verspürt. Jedenfalls ist bei ihrer Suche nach der angemessenen Hilfe für den Ernstfall ihre erste Wahl falsch. Sie sucht zuerst Hilfe bei scheinbar machtvollen Instanzen, die sich aber als untauglich erweisen oder nicht zu geben bereit sind.

Wir können dieser Suche nach untauglichen Helfern oft genug in der Therapie begegnen, wenn Patienten darauf bestehen, diejenigen um Hilfe zu bitten, die sie aus Prinzip zurückstoßen werden. Solche Leute meinen, «derartige Bedürfnisse sind infantil», oder ihre Ablehnung geschieht wegen unterschiedlicher Weltanschauungen, Typen oder Bewußtseinsebenen. Weil ursprünglich der mächtige Archetyp der Eltern auf diejenigen projiziert wurde, die die Person als solche nicht recht wertschätzen konnten, fährt der Suchende fort, Hilfe von solch unergiebigen Quellen zu erwarten. Manche müssen erst mehrmals vergeblich suchen, die Qualen als Abgewiesene erdulden, sich unter Umständen gegen die eigenen Bedürfnisse wenden (indem sie sich mit dem Gott des Kollektivs, dem Über-Ich, identifizieren) – um dann endlich einzusehen, daß dort wirklich nichts zu holen ist.

Tatsächlich hat vieles in der Therapie zum Ziel, daß man lernt, alte Muster loszulassen und sich den Quellen zuzuwenden, die geeignet sind, das Selbstwertgefühl wirklich zu stärken. Nur indem man lernt, die archetypische Elternstruktur mit neuem Inhalt zu füllen, kann man verstehen, daß der Fehler nicht im eigenen Bedürfnis oder dem Hunger nach Leben liegt, sondern in der Tatsache, daß die Erfüllung an der falschen Quelle gesucht wird.

Die zwei Himmels- und Mondgötter weigern sich und/oder wagen es nicht, Inanna aus der Unterwelt zurückzuholen. Sie verkörpern den unpersönlichen patriarchalischen Respekt gegenüber Gesetz und Ordnung und sind unendlich weit entfernt von der Wesensart ihrer «Tochter» Inanna wie auch der dunklen Seite des Weiblichen. Sie sehen in Inanna einfach nur eine Ehrgeizige, die allzu «gierig» ist. Sie sehen sie durch die Projektion ihres eigenen Stier-Schattens. Und so können sie nur zitieren: «Wer sich ins große Jenseits begibt, bleibt dort.»[117] Sie scheinen fast schadenfroh, daß sie schließlich bekam, was sie «verdiente». In genau dieser Weise stößt das Über-Ich oder diejenigen, die nach seinen fein säuberlichen Gesetzen leben, solche Individuen und Bedürfnisse aus, die es wagen, die konventionellen, kollektiven Grenzen zu überschreiten. Für den Eigensinnigen ist von seiten der Mächte, die alles kontrollieren, keine Hilfe zu erwarten.

Der Mondgott

Es ist interessant, daß der Mondgott Nanna-Sin, der so oft als Gott der Frauen beschrieben wird, sich in dieser Lage wenig um Inannas Problem kümmert. In Sumer wird Nanna als die Kraft, die die Nacht zu erleuchten vermag, bezeichnet, die die Zeit ausmißt, die dem Marschland, seinen Wassern, Herden und Gewächsen Fruchtbarkeit verleiht. Er ist auch Verwalter und Richter des Jenseits während der dunklen Phase des Mondes. Aber oberhalb des Horizonts ist er weniger um Ordnung besorgt. Es wird von ihm erzählt, daß er seine Frau Ningal («die große Dame», Göttin des Schilfs) stürmisch ehelichte, ohne ihren Vater Enki um Zustimmung zu bitten.[118]

Nanna ist auch mit den Königen von Ur verbunden. Periodische Reinigungsopfer und heilige Hochzeiten sind Teil seines Kultes. Im allgemeinen ist er an seinen Kindern nicht interessiert. Er ist sehr zurückhaltend und bewegt sich in seinen eigenen Rhythmen, die mit denen seiner Kinder nichts zu tun haben. In einem Mythos wird sogar beschrieben, wie Utu (Inannas Bruder, der Sonnengott) und Inanna verführt werden, auf die Seite der Feinde zu wechseln, um eine Finsternis ihres Vaters, des Mondes, herbeizuführen. Die Kinder sind sich im Gegensatz dazu sehr vertraut: Utu beeinflußt seine

Schwester in der Wahl ihres Ehemannes (obwohl wiederum gesagt wird, daß Dumuzis Reichtum der befruchtenden Wirkung des Mondes zuzuschreiben ist).

Für Inanna entsteht das Vaterbild nicht durch eine persönliche Beziehung. Da ist sogar die Andeutung eines Gegensatzes zwischen Vater und Tochter, die wohl einiges mit der Rivalität zwischen den Städten Ur und Erech und deren Gottheiten zu tun hat, aber auch einige psychologische Probleme nahelegt, die für die Tochter eines Mondvaters bestehen. Im Mythos plappert Nanna nur die Worte des Göttervaters Enlil nach. Er ist auf dessen strahlende Macht eifersüchtig, paßt sich jedoch unbewußt gerne seiner abstrakten Regentschaft an. Er ignoriert seine Tochter in verächtlicher Weise und zieht sich zurück, vornehmlich mit seiner dünnen Anima-Frau, der Schilfgöttin Ningal, und seinen eigenen Phasen, Reinigungsriten und seiner Produktivität beschäftigt.

Die Töchter solcher *puer*-Väter kommen zur Analyse oft mit einer Fassade der Selbstgenügsamkeit – weibliche Helden, mit einem unterdrückten, triebhaften Verführungsdrang. Sie suchen verzweifelt die Zuwendung ihres Vaters zu erringen, zeitweise und oft unbewußt als Sexualobjekt. Sie meinen ständig, sich verteidigen und sich des Lobes ihres Vaters würdig erweisen zu müssen. Sie zersplittern ihre Sinnlichkeit, müssen ständig irgendwelche Männer oder Leistungen erobern, kennen unter Umständen keine Zärtlichkeit und wenig Selbstachtung. Sie sind ständig auf den väterlichen Segen und seine persönliche Zuwendung bedacht und versuchen manchmal sogar seine Aufmerksamkeit zu verdunkeln, indem sie ihm «im Licht» stehen, mit irgend etwas seine Ruhe stören. Sie rufen nach ihm in vielfältigster Weise und erwarten ständig, daß er sie in seiner kühl-narzißtischen, desinteressierten Art zurückstößt.

VIII Einfühlend-kreatives Bewußtsein

Enki: Gott des Wassers, der Weisheit und Kreativität

Es gibt einen «Vater» im Abstiegsmythos, der zu helfen bereit ist: Enki. Sein Name bedeutet «Herr der Erde» (ähnlich Poseidon). Er ist der listige Gott des Wassers und der Weisheit, der den Fluß der Meere und Ströme regiert. Er lebt tief im Abgrund. In einigen Mythen steht er Inanna besonders nahe. In diesem hier leitet er ihre Rettung ein.

Enki ist eine bemerkenswerte Gottheit. In Sumer wurden seine Wasser der zeugenden Kraft des männlichen Samens und dem Fruchtwasser um den Fötus gleichgestellt.[119] Auf Rollsiegeln (als Ea, seiner späteren akkadischen Form) ist er mit einem überfließenden Wasserkrug dargestellt. Diese Darstellung erinnert an das Sternzeichen Wassermann, also Wasserträger. Doch wird Enki allgemein mehr dem Zeichen des Steinbocks, dem Ziegenfisch, zugeordnet,[120] der sowohl Tiefen als auch Höhen zu durchqueren vermag und das wahre Gegenstück zur Großen Mutter ist, deren Zeichen der Krebs ist. So ist er sowohl mit Ninhursag (die ursprünglich Ki, Erde, genannt wurde und das Gegenstück zu Enki war) und Ereshkigal verbunden.

Enki stellt das zeugende, kreative, spielerisch-einfühlsame Männliche dar. Wie Mercurius vereinigt er Gegensätze und hat keine abstrakte Bindung an das Konzept des Gesetzes. Obwohl von Enki gesagt wird, er habe die *me* erschaffen, jene Ordnungsprinzipien der oberen Welt und der Zivilisation, ist seine

Art der Ordnung schöpferisch – nicht statisch und erhaltend. Er ist der Erzeuger der Kultur, nicht der Erhalter des Status quo. Seine Weisheit ist die der Improvisation und des Einfühlungsvermögens. Von doppelgeschlechtlicher Natur (in einem Mythos wird erzählt, daß er eine achtfache Schwangerschaft durchzustehen hatte) kann er, wenn es nötig ist, überallhin durchdringen – selbst in die Unterwelt. «Nur ... das Bewußtsein (beider Geschlechter) kann in die unsichtbare Welt des Thanatos und all jene psychischen Komponenten der menschlichen Natur vordringen, die ihren Ursprung im Tod haben.»[121] Enkis Bewußtsein entspricht dem des zweiten Chakra, dem Svadhisthana-Chakra, wo «Vertrauen in das Leben und das Selbst die Weisheit der mütterlichen Wasser ist». Das Vertrauen, die Fluidität, die Ekstase, die sanfte Annahme dessen, was ist – Eigenschaften des Bewußtseinsmodus des zweiten Chakra – kann «die krankhaften Erstarrungen des ersten Chakra und die des an Macht fixierten dritten heilen».[122] Enkis Weisheit fließt mit und bricht auf – sie löst die Trägheit und Starre der Unterwelt. Seine Wasser stellen im sumerischen Mythos den Gegensatz zur Wüstengöttin dar. *Kur,* wie Ereshkigals Reich bezeichnet wird, ist auch ein Wort für Wüste. Es sind die Wasser, die das Brachland wieder fruchtbar machen, und damit ein Symbol für den unaufhörlichen Fluß der Lebensenergien.

Wie das Fließen libidinöser Affekte bringen uns diese Wasser nach einer tiefen Depression wieder ins Leben zurück. Eine Frau drückte die Erfahrung dieser Rückkehr so aus:

> *Ich werde mich nicht zurückhalten. Ich werde mich fließen lassen, mitreißen lassen, unmöglich sein. Ich werde meine Reaktionen herauslassen. Was soll's. Ist mir egal, was andere denken.* (Sie machte eine Pause.) *Das sagen zu können, verändert bereits vieles. Ich kann ein Mitfließen spüren. All diese Bedürfnisse und Eifersüchte. Es fühlt sich so seltsam an,*

wie tiefes Atemholen. Es könnte die Heilung für mein trockenes, totes Dasein sein ... Und außerdem – solche Wasser hören nie auf zu fließen, solange Leben in mir ist. Das Pissen und Spucken nimmt kein Ende.

So öffneten sich ihre Leidenschaften und konnten sich ausdrükken, weil sie damit aufhörte, sich selbst mit diesen alten Hemmungen abzuschirmen. So konnte sie schließlich darauf vertrauen, daß ihr Analytiker fähig sei, diesen Fluß zu empfangen. Sie konnte ihre angelernten Verkrampfungen aufgeben und damit ihren Drang, ständig für ihren Versorger zu sorgen.

Dieses Fließen ist Teil der Energie, die durch Enkis Wasser symbolisiert wird. Er ist außerdem der schöpferische Bildhauer-Gott und wird «Bild-Erschaffer» und Gott der Handwerker und Künstler genannt, «Gott der ursprünglichen Form, des Archetyps».[123] Er ist einer der Schöpfer des Menschen – er und die Erdgöttin stellten in einem Wettbewerb verschiedene Formen des menschlichen Lebens aus Ton her; für die deformierten Wesen, die sie darunter erschuf, fand er die jeweilige Rolle im Leben, die sie ausfüllen konnten. Er improvisiert ständig – wie es der Augenblick gerade erfordert. Er kümmert sich wenig um die hohen Prinzipien und Regeln der patriarchalischen Götter und wird deshalb oft gerufen, um ihnen aus irgendeiner Sackgasse zu helfen. In vielen Gedichten wird beschrieben, wie er eine Rettung einleitet oder das Chaos auflöst, vor dem sie sich fürchten. Oft spielt er den Vermittler zwischen der Welt der Väter und des Weiblichen. Immer fließt er in kreativer Weise mit dem Leben und besitzt deshalb die Fähigkeit, aus eigenem Antrieb ein System neu zu ordnen. Im Abstiegsmythos knackt er die härteste Nuß: Er bricht die träge, starre Gesetzlichkeit auf, indem er einen völlig neuen Zugang eröffnet. Anstatt sich an Präzedenzfällen und Gesetzen zu orientieren, bringt er etwas Neues ins Spiel, das bisher außer Acht gelassen wurde: das Gefühl.

Er holt etwas Schmutz unter seinem rotbemalten Fingernagel hervor,[124] unbedeutendes, nicht beachtetes Zeug, ein Überbleibsel des größeren Schöpfungsprozesses. Die Erde ist das Element des Muladhara-Chakra und das Ereshkigals. Es ist der Stoff, der die Energie der Materie verkörpert, und das Fleisch, zu dem Inanna in der Unterwelt werden mußte. Es ist auch der Schlamm aus Enkis Flußbetten, der Lehm, aus dem ursprünglich die sumerischen Städte gebaut und die Tontafeln geformt wurden, auf denen die Keilschrift erhalten blieb. Es ist das Material, aus dem die sumerische Kultur lebt und sich erhält. Im Mythos ist es das Material, aus dem Männer und Frauen erschaffen wurden.

Im analytischen Prozeß entspricht der Schmutz der *prima materia* – der noch unbeeinflußten, rohen, elementaren Bereitschaft, die noch alle Möglichkeiten beinhaltet und die dem kreativen Medium des Schöpfergottes entspricht. Damit ist sie das grundlegende emotionelle Material des analytischen Prozesses sowie allen Lebens. Ihr ungeheures Potential liegt im kleinen, energischen Aufflackern der Emotionen verborgen, den packenden, vibrierenden und manchmal schmerzhaften konkreten Einzelheiten, den zwingenden Phantasien, die einem beinahe entgangen wären oder verschleiert blieben. Der Schmutz unter dem Nagel ist wie die autonome Psyche, so wie sie sich in unscheinbaren aktuellen Affekten enthüllt, die keine großartige wirkungsvolle Leistung erbringen, wie sie das Über-Ich vorziehen würde, sondern die die unbeachtete Schlacke der Lebensprozesse darstellen: subtil, solide und stark genug, um radikale Veränderungen der analytischen Sicht herbeizuführen.

Figuren, die die Dunkle Göttin spiegeln

Aus dem Schmutz unter seinem Nagel schafft Enki zwei kleine Klagefiguren, einen *kalatur* und einen *kurgarra*. Diese werden als «geschlechtslose Gottesdiener»[125] oder «Geschöpf(e), weder männlich noch weiblich»[126] bezeichnet. Es sind wohl hermaphroditische oder androgyne, polymorphe Geschöpfe, die am Großen Runden durch ihren Mangel an geschlechtlicher Unterscheidung teilhaben. Die beiden Gegensätze männlich und weiblich sind in ihnen noch nicht getrennt. Sie verkörpern also nicht das Bewußtsein der Unterscheidung, das auf Trennung und Gegensatz beruht, sondern das Bewußtsein des Einfühlens und Spiegelns. So können sie sich an Ereshkigal heranschleichen, ohne an irgendeinem der Tore angegriffen zu werden – «wie Fliegen flogen sie durch die Risse in den Türen».[127] Es sind demütige, nicht heldenhafte Geschöpfe, die weder ein Bedürfnis nach Abgrenzung noch einen Sinn für das haben, was wir Ego-Bedürfnisse nennen würden. Diese kleinen ungeschlechtlichen Kreaturen repräsentieren die Haltung, die uns den Segen der Dunklen Göttin sichert.

Was Enki ihnen zu tun aufgibt, ist genau das, was Therapeuten in diesen vorsprachlichen Tiefen zu tun haben, wo Körper und Psyche aneinandergrenzen, wo ohne Raum und Zeit die Gesetzmäßigkeiten der magischen Bewußtseinsebene noch bestimmend sind.[128] Diese Geschöpfe kommen nun sehr nah an die Göttin heran, wobei sie sich weder um Gesetze der Oberwelt noch den rechten Abstand kümmern. Dann wohnen sie den Geschehnissen als Zeugen bei und spiegeln sie mit Einfühlung wider, lassen sich aber nicht von einer Identifizierung aufblähen (Inflation), die den Unterschied zwischen Ich und Du aufhebt. Ihre Leistungsfähigkeit ist erschaffen. Sie sehen, fühlen und seufzen mit. Sie ehren die Göttin, indem sie das existentielle Leiden ausdrücken, das Ereshkigal jetzt durchlebt. Denn in ihr Reich ist nun Bewußtsein eingedrungen und mit ihm die Bewußtheit des Schmerzes. Sie bestätigen die Göttin in ihrer Leidensfähigkeit. Enki hatte sie gelehrt, der Lebenskraft zu vertrauen, auch dann, wenn sie nur noch Schmerzenslaute hervorbringt.

Die Klage ist eine Sprache der dunklen Göttin. So kann Leben sich ausdrücken, so steigt es rein und unverfälscht aus dem Grund der weiblichen Seele auf. Diese Klage will nicht schnelle Erleichterung verschaffen, sondern stellt einfach die Dinge so dar, wie sie von einem empfindsamen und verletzbaren Geschöpf gefühlt werden. Dies ist eine wichtige Grundlage der Gefühlsfunktion, die vom stoisch-heroischen Über-Ich nicht eingeschätzt werden kann. Für das Über-Ich ist dies weiter nichts als albernes Geheul und Gejammer – in Wirklichkeit aber spricht es als Tatsache für sich selbst: «Es ist so, wie es ist.» Enkis Weisheit lehrt uns, daß das Mit-Leiden ein Aspekt von Achtung und Ehrfurcht ist.

Enkis Klagefiguren stöhnen gemeinsam mit Ereshkigal. Wenn sie sagt: «O weh, mein Inneres!», rufen sie als Echo: «O weh, unsere Königin, wie du stöhnst! Oh, dein Inneres!» Wenn sie ruft: «O weh, mein Äußeres!», rufen sie im Echo: «O weh, unsere Königin, wie du stöhnst! Oh, dein Äußeres!».[129] Ihr beständiges Echo wird zu einer Litanei und verwandelt den Schmerz in Poesie und Gebet. Es macht aus dem finsteren Elend des Lebens ein Lied der Göttin. Es läßt Kunst erstehen als Antwort auf die Leiden und Leidenschaften des Lebens, eine ehrfürchtige, schöpferische, mitfühlende Antwort. Es zeigt auch die Macht einer solchen Litanei. Denn mit ihrem Echo-Gesang erlösen sie auch die Göttin des Lebens. Aus Ereshkigal ergießt sich hinfort nicht mehr Zerstörungswut, sondern Großmut. Die Naturgöttin ist dankbar für das demütige Echo, durch das sie ihr eigenes Lied hören kann. Genau dieser Ausdruck von Mitgefühl bewegt sie. Sie antwortet den kleinen Geschöpfen:

Wer immer ihr seid,
(weil) ihr sagtet: von meinem Inneren zu eurem Inneren, von meinem Äußeren zu eurem Äußeren;
Seid ihr Götter, so will ich ein (freundlich) Wort euch sagen,
Seid ihr Menschen, so will ich ein (freundlich) Schicksal euch bestimmen.[130]

Wir erleben diese Wandlung in der Therapie, wenn Leiden angenommen und ernstgenommen wird. Zwei Frauen verliehen der Erfahrung dieser Wandlung Ausdruck:

Wie kannst du mich nur ertragen? Ich beklage mich ständig. Ich gebe dir nichts. Alles, was du mir bietest, stoße ich zurück, sogar den Raum, den ich für mich selbst brauche. (Und einige Zeit, nachdem sie gesprochen hatte, wagte die Patientin schließlich einzuschlafen. Sie vertraute endlich darauf, daß der Therapeut sie so annahm, wie sie war.)

Ich kann schon allein weinen. Das ist einfach. Aber ich brauche das Weinen mit anderen ... Ich möchte keine Antworten, nur einfach jemanden, der bei mir sitzt, wenn ich weine. Das dreht etwas in mir um. Ich empfinde dann Hoffnung und wie das Leben von tief innen wieder zurückkehrt – wie das Aufsprudeln einer Quelle – zuerst fast noch gefroren, dann schlammig, dann als kleiner Bach.

Innen und Außen

Die Begriffe, die Ereshkigal und die Klagefiguren gebrauchen, sind bedeutsam: Inneres und Äußeres. Sie umschreiben einen Grenzbereich, der einen der ersten Anhaltspunkte kindlicher Wahrnehmung darstellt. In den tiefsten Schichten des Mutterkomplexes gelegen, ist er noch in keiner Weise erforscht. Denn Inneres und Äußeres tendieren dazu, auf der magischen Bewußtseinsebene zu verschmelzen und innerhalb der symbiotischen Verbindung hin- und herzufließen (wenn zum Beispiel die Mutter die Bedürfnisse ihres Kindes als ihre eigenen empfindet und das Kind die unbewußten Gefühle der Mutter widerspiegelt). Im analytischen Bereich finden wir dies in der projizierenden Identifikation im Bereich der Übertragung und Gegenübertragung. Tatsächlich sind in diesem Feld der *participation mystique* das Ich und das Du derart fließend, daß kein klares Empfinden für Unterscheidung und Objektivität zwischen den psychischen Grenzen zweier Menschen möglich ist. Statt dessen besteht eine Empfindung der Einheit und Intimität, in die man sich nur mittels feinster intuitiver und kinästhetischer Wahrnehmung einfühlen kann.

Die Grenze zwischen Innen und Außen, Ich und Du stellt das erste und letzte und damit geheimnisvollste Tor zu Ereshkigals Reich dar. Es ist der Ort der osmotischen Membrane zwischen Mutter und Kind, zwischen dem Selbst und dem anderen, dem Selbst und den Göttern. Es ist das Tor, das unsere irdische Inkarnation, wie wir sie kennen, eröffnet und abschließt: am Anfang das Tor der Geburt – das, was innen und eins war, tritt nach außen; und am Ende das Tor des Todes – das, was außen getrennt war, tritt in die Einheit zurück. Dies entspricht der Grenze des Horizontes, wo Inanna als Stern Morgen- und Abenddämmerung bringt. Dies ist der Punkt der Überschneidung, wo aus eins zwei wird und aus zwei eins.

Diese Erfahrung der fließenden Identität über diesen Punkt hinaus in die Unbegrenztheit hinein muß im archaischen Bewußtseinszustand Nahrung und Bestätigung erhalten, denn sie ist die uroborische Seligkeit, die Leben erblühen und Bewußtsein sich ausdehnen oder auflösen läßt. In diese Wahrnehmung des Grenzbereichs hineinfließen zu können, bedeutet für einen Menschen, daß er seinen individuellen Seinsgrund finden wird. Oft erfahren wir diesen Grenzbereich aus der Sicht eines Bewußtseins, das aus Leiden und Verlust geboren ist. Entweder gewahren wir den Verlust der Seligkeit und der Verschmelzung dann, wenn wir in die Erfahrung des Abgetrenntseins vordringen, oder wir gewahren den Verlust der individuellen Autonomie, wenn wir in einem größeren Ganzen verschmelzen oder verschlungen werden oder uns darin auflösen. Aber wir können nicht existieren, ohne beide Erfahrungen gemacht zu haben.

Das empfängliche Bewußtsein des Weiblichen erfährt diesen Grenzbereich nicht als fein säuberlich gezogene Demarkationslinie zwischen «Ich» und «Nicht-Ich», unterscheidet nicht klar zwischen einer individuellen Identität und einer anderen, die ein Objekt irgendeiner Heldentat sein könnte. Statt dessen ist diese Grenzlinie eher durchlässig und transparent, leicht durch Einfühlung in den anderen zu durchdringen, also durch die Fähigkeit, mit dem anderen zu schwingen und seine Gefühle zu teilen.

Ein Mensch, der diese Grenze als zu starr oder als zu leicht durchdringbar empfindet – zu starr, weil er Angst vor Verlust und negative Erwartungen hat, oder zu offen, weil ihn infantile Erwartungen ersticken –, ein solcher Mensch leidet unter der mangelnden Fähigkeit, Innen und Außen klar zu trennen. Zugleich leidet er an seiner Unfähigkeit, hin- und herzufließen – nach außen und wieder zurück. Mitunter wird diese Unfähigkeit einfach nur als Verwirrung empfunden. Eine Frau erzählte während einer Phase, in der sie dabei war, die Sicherheit des «Definitionssystems» ihres Vaters zu verlassen: «Ich träumte, daß ich durch eine Glaswand hindurch draußen eine Frau sehe. Sie liegt im Bett, ausgezogen oder mit einer Schlangenhaut bedeckt. Was ist innen? Was ist außen? Was ist wirklich? Ich habe das Gefühl, als fiele mein ganzes Leben auseinander.» Aber sie war mutig genug, sich dieser Verwirrung zu überlassen. Eine andere Frau wollte verzweifelt Kontrolle über ihre Orientierungslosigkeit gewinnen, indem sie versuchte, Inneres und Äußeres strikt getrennt zu halten. Sie sagte: «Es gibt zwei Arten der Beziehung: zu anderen Leuten da draußen und dem, was sie von mir erwarten, und zu mir selbst in meinem Inneren. Aber das ist so versteckt und unscharf – es kommt mir fast autistisch vor. Dort bin ich eine ehrsame kleine Prinzessin, aber ich weiß, daß niemand mich so ertragen könnte.» Beide Frauen hatten die schmerzhafte Diskrepanz zwischen den äußeren kollektiven Über-Ich-Idealen und der Wahrnehmung ihrer eigenen inneren Realität erfahren, die versteckt bleiben mußte, weil sie einen zu starken Kontrast zu dem darstellte, was man «außen» von ihnen erwartete.

Die analytische Beziehung der Übertragung und Gegenübertragung kann Erfahrungen zulassen, die jene pathologischen Erscheinungen im Umgang mit dem Grenzbereich zu heilen vermögen, indem sie die Eltern-Kind-Einheit und die Erfahrung der archaisch-magischen Ebenen des Bewußtseins konstellieren. Das Einfühlungsvermögen mit seiner bestätigenden Annahme ist der Gefühlsmodus, der eine zu starre, unbewegliche Grenzlinie auflöst und die unkontrollierte Verwirrung heilt, die dort entstand, wo sich noch keine durchlässige Resonanz hat bilden können.

Enki als Patron der Therapeuten

Enkis Weisheit kann der dunklen Urgöttin zum Bewußtsein ihres Leidens verhelfen, des Leidens, durch das sie ihr Äußeres und Inneres wahrnimmt – also sich selbst. Für mich ist Enki der Gott der Therapeuten. Er kann eine grundlegende Umstrukturierung der psychischen Gegebenheiten erreichen, indem er benutzt, was immer zur Hand ist – unter dem Fingernagel versteckt. Er läßt eine Situation in einem neuen Licht erscheinen. Er improvisiert. In diesem Mythos zum Beispiel führt er einen Aspekt ein, der bis dahin irrelevant gewesen war – das Gefühl für die Not der Göttin Inanna, das dann auch ihre Schwester in der Unterwelt umfaßt, ein Gefühl, das selbst die Ursache des Steckenbleibens achtet. Statt sich der tiefen weiblichen Kraft zu widersetzen, vor der die Oberwelt Angst hat, weil sie lebensfeindlich scheint, findet er Positives in einem Bereich, wo es scheinbar nur Elend gibt. Für ihn ist es wertvoll, die Göttin in ihrem Elend zu bejahen und ihren inneren und äußeren Schmerz zu spiegeln – dies ist sein Geschenk an sie.

Das Gleiche tun wir, wenn wir uns einem Affekt zuwenden und ihn intensivieren, um seine eigene Größe herauszufinden; oder wenn wir uns mit einem Schutzmechanismus beschäftigen und erkennen, daß er dazu diente, unser Leben zu erhalten. Dasselbe geschieht, wenn wir Schmerz als einen gültigen Teil des Lebensprozesses anerkennen – niemandes Fehler, sondern nur eine Tatsache der Existenz. Das nimmt dem patriarchalischen Feindbild des Sündenbocks, das gerne jemandem für etwas die Schuld zuschiebt und auf Wiedergutmachung und tätigem Ausgleich besteht, den Wind aus den Segeln. Wenn Schmerz als Teil des gesamten Prozesses erkannt wird, erweitert sich diese Perspektive, die Schmerz bis dahin nur als pathologisches Zeichen und als Stigma zu sehen gewohnt war.

So ermöglicht Einfühlung in das Leiden die natürliche Heilung. Es erlaubt einem, das Leiden durchzustehen, bis es zur Entstehung einer neuen Lösung zur rechten Zeit und am rechten Ort beigetragen hat. Heilung entsteht dann nicht nur, weil ein neuer Sinn im Leiden gefunden wurde, sondern weil dem Lebensprozeß die nötige einfühlende Aufmerksamkeit geschenkt wurde. Diese erreicht ihr Ziel immer.

Als Therapeuten stellen wir diese kleinen Yin-Kreaturen dar, die zu nichts und niemand in Opposition stehen, Diener des Gottes Enki bei unserer Arbeit auf dieser Ebene der Psyche. Wir sind da, nehmen an und lassen geschehen und drükken damit die Wahrheit der dunklen Affekte aus. Dieses Gegenwärtigsein bedeutet, daß wir auf die *participation mystique* der tiefsten Bewußtseinsschichten als einen Prozeß der Göttin vertrauen, auch dann, wenn es schmerzhaft ist, in Richtung von Tod und Depression zu laufen scheint und uns unsere eigene Unfähigkeit, Veränderung herbeizuführen, akut bewußt macht. Dann warten wir geduldig, gehen tiefer und warten zusammen mit dem Patienten, bis die Göttin in Gestalt der Zeit bereit ist, «ein freundlich Schicksal zu bestimmen».

Wenn wir auf diese Weise arbeiten, wird von uns oft gefordert, daß wir ebenso tief eindringen wie die Klagefiguren, daß wir mit dem Patienten den Schmerz des anfangs in ihm konstellierten Komplexes mitfühlend teilen müssen. Das schließt die Gefahr psychischer Infektion und des Teilhabens am Komplex selbst ein. Aus solch einer Gegenseitigkeit kann aber die vollständige Heilung hervorgehen, die nur entsteht, wenn ein Komplex miteinander geteilt wird – wenn beide, sowohl Patient als auch Therapeut, tief bis zum geteilten Schmerz vorgedrungen sind. Die Heilung wird oft erst in dem Augenblick vollendet, wenn der Therapeut seine eigene Erfahrung mit oder seine Haltung zu dem Komplex bearbeitet. Manchmal bewirkt auch eine Veränderung in der Psyche des Patienten, daß beide vorankommen. Es gibt wenig klare Unterscheidungsmöglichkeiten. Wir können nur sagen, daß das gegenseitig konstellierte Feld Urenergien aktiviert, die den Heilungsprozeß beschleunigen.[131]

Dieses Miteinander-Teilen – als eine Form der Therapie – bestätigt die Natur menschlichen Lebens, auch in Zeiten des Elends und der Dunkelheit. In archaischen Phasen negativer Übertragung kann es geschehen, daß man die Rolle des Zeugen zu akzeptieren hat, der des Patienten Kampf gegen das Leben in bewegungslosem Mitgefühl begleiten muß. Das bedeutet, daß man bereit sein muß, die Intensität der Verzweiflung und Wut nicht mildern zu wollen, ebensowenig den eigenen Ego-Standpunkt verteidigen oder gar die eigene Verletztheit ausdrücken zu wollen. Wir müssen einfach beim Patienten sein, der blind wie ein Stück Fleisch in Ereshkigals Griff gefangen ist, müssen Schmerz und Achtung fühlen, wenn wir spiegeln und Anteil nehmen, ohne zu schnell durch die dunkelsten Abgründe der Natur hindurcheilen zu wollen, auch wenn sie sich zu solchen Zeiten langsam wie der Verdauungsapparat bewegen. Wenn die Übertragungsbeziehung stark ist und genügend Bewußtsein da ist, um den Unterschied zwischen dem Selbst und dem anderen fühlen zu können, dann werden Konfrontation und Interpretation lebenswichtig. Das aber erst, nachdem der Therapeut einen Raum geschaffen hat, in dem der Patient sich angenommen weiß und in dem die Anteile seiner Persönlichkeit zusammengehalten werden, in dem schließlich der versteckte Same der Ganzheit keimen kann.

Diese Art des Einfühlens ist in den Augen des heroischen Ich-Ideals unwürdig. Aber es war schon immer tabu, die Reise in die Unterwelt aktiv, stolz und emotional offen anzutreten. Gilgamesch riet zum Beispiel Enkidu, dorthin wie ein Gefangener oder unsichtbar zu reisen. Und den spirituell Eingeweihten des «dunklen Pfades der Persephone» und «des Hains der hochgeehrten Aphrodite» wird befohlen: «Sie sollen ihre Gewänder abwerfen und alle zu Bräutigamen werden, ‹ihrer Mannheit durch den jungfräulichen Geist beraubt›.»[132]

Therapeuten, die mit dem Unbewußten arbeiten, müssen also bereit sein, ihre Unsichtbarkeit und Untätigkeit auf sich zu nehmen. Die Klagefiguren besitzen diese notwendige Haltung von Natur aus. Sie wurden als empfängliches Yin erschaffen. Und da sie keinerlei eigene Schutz- oder Kampfbedürfnisse haben, können sie ohne weiteres mit dem rohen Material des Unbewußten umgehen, indem sie sein Echo, sein Zeuge sind. Jung schrieb, daß der eigentliche Umgang mit diesem Bereich es uns ermöglicht, seinen Wert zu entdecken und menschlicher zu machen, was sonst für den ahnungslosen, uneingeweihten Patienten zu überwältigend erschiene:

> Wenn diese Dinge aus dem Geist auftauchen, sind sie gräßlich, nicht auszuhalten, aber man entdeckt, wenn man mit ihnen eine Weile umgeht, daß sie wirklich außerordentlich wertvoll sind.[133]

Enkis asexuelle Figuren wurden ohne spezifisches Geschlecht erschaffen. Sie sind weder Eunuchen noch homoerotisch. Und doch weisen sie auf die vorgeschlechtliche vielgestaltige Sexualität hin, die der Großen Göttin auf dieser tiefen Ebene der Psyche dient. Diese asexuellen Figuren sind eine Erweiterung der häufigen Verbindung der Heldin oder *puella* zu Männern, die im Dienst der Großen Mutter durch ihre künstlerische Kreativität oder durch Süchte oder ihre Homosexualität gefangen sind. Normalerweise ist die Beziehung solcher Frauen zur eigenen Mutter ziemlich dürftig, und oft können sie sich selbst und ihr Geschlecht nicht wertschätzen. So suchen sie das Weibliche bei den Sohn-Geliebten der Göttin – bei Männern, bei denen sie sich vor genitaler und emotionaler Durchdringung sicher fühlen, Männern, die Leidenschaftlichkeit und empfindsame Empfänglichkeit besitzen und den Widerstand dieser Frauen gegen das Patriarchat teilen. In ähnlicher Weise fühlen sich männliche Homosexuelle oft zum Großen Vater, der hinter der ewigen Vater-Tochter steht, hingezogen.

Der Traum einer Frau zeigte, wie sie die Göttin zunehmend hinter ihren homosexuellen Partnern wahrzunehmen vermochte.

> *Zwei Männer, die sich lieben, sitzen in meiner Küche. Einer ist verwundet. Sein Penis wurde abgeschnitten. Ich küsse ihn und sehe, wie er sich langsam in eine Frau mit großen Brüsten verwandelt. Der andere Mann kniet da, während die Geschlechtsumwandlung sich ganz ruhig vollzieht. Der erste Mann ist nun eine Frau. Sie erinnert mich an die Frau in einer Werbung für nicht alternde Haut, die ich in der Drogerie gesehen hatte – eine herrliche, dunkle Frau.*

Den Knienden hatte sie mit ihres Vaters Bruder, einem Künstler, assoziiert, dem Schattenaspekt ihres Vaters. Aber sie fürchtete sich davor, die einsame Autorität ihres eigenen Selbst näher kennenzulernen, weil sie ihre Beziehungen zu gefährden schien – so unbefriedigend, oberflächlich und stürmisch sie waren. Statt dessen verließ sie sich lieber auf eiskalte intellektuelle Boshaftigkeit – der angeblichen Macht, die sie mit dem verwundeten, von der Mutter beherrschten homosexuellen, männlichen Begleiter in ihrem Traum verband. Die Traumhandlung zeigt, wie sie sich diesem Modus mit einem Kuß, also akzeptierend zuwendet. Sie begann ihn langsam wertzuschätzen als die einzige Bestätigung, die sie gefunden hatte. Der Kuß verwandelt den kastrierten homoerotischen Animus in das zeitlose, wenn auch allgemein verbreitete Bild der Göttin. Dies ermöglicht ihr die direkte, achtungsvolle Beziehung zum archetypisch Weiblichen.

Ereshkigals Großzügigkeit

Die Ishtar-Versionen der Abstiegsgedichte beschreiben, wie Enkis Art der Annäherung an das Weibliche es Ereshkigal ermöglicht, ihre Essenz, das Wasser des Lebens, das sie in der Unterwelt aufbewahrt, herauszugeben. Es kehrt die Ursache der tödlichen Trägheit um und wendet sie zur lebensfördernden Seite hin. Es regt das Grab an, Leben hervorzubringen, und zeigt uns, daß das Unbewußte leidet und Leben hervorbringt.[134] Wie die Gorgo, deren Blut sowohl zu töten als auch zu heilen vermag, kann Ereshkigal zerstören oder erschaffen und heilen – das hängt jeweils von der Haltung ab, die wir der Göttin gegenüber einnehmen.

In den älteren Versionen des Mythos stattet Enki seine Diener mit der Nahrung und dem Wasser des Lebens aus seinem eigenen Vorrat aus. Und Ereshkigal ist dankbar für ihr demütiges Echo und wendet sich ihnen zu. Sie schätzt ihre Hilfe und gewährt ihnen Belohnungen. Sie bietet ihnen «ein freundliches Schicksal», «das Wasser-Geschenk, den Fluß in seiner Fülle» und «das Korn-Geschenk, das reife Feld der Ernte». Sie bitten um die Leiche Inannas, die immer noch am Pfahl hängt. Ereshkigal, die Allwissende, nennt sie «die Leiche eurer Herrin». Sie übergibt sie ihnen. Sie ist verändert – wohltätig und großzügig. Ein Wunder ist durch Inannas Opfer und durch Enkis Haltung ihr gegenüber geschehen. Die Fruchtbarkeit des Himmelsstieres, die durch seinen Tod versiegt war, wird im dunklen Schoß wiedergeboren.

Das gleiche Motiv taucht in vielen Märchen auf, so zum Beispiel, wenn Baba Yaga und Frau Holle ihr freundliches Gesicht aufsetzen, wenn ihnen mit Aufmerksamkeit und unterwürfigem Gehorsam von Frauen gedient wird, die sie besuchen. Und genau davon träumte eine moderne Frau:

Ich treffe eine schreckliche, schwarzgekleidete Frau mit einem schwarzen Gesicht an einem Fenster stehend, das auf die Piazza schaut. Sie dreht sich zu mir, und ich empfinde große Angst. Sie sagt mir, ich solle in die Kapelle gehen und die alten, übriggebliebenen Getreidehalme auflesen, die dort auf dem Boden verstreut liegen, und solle das Getreide nehmen, um ihr daraus einen Laib Brot zu backen. Ich muß dazu ein Messer, einen Mörser und eine Backform in den Ecken ihres Zimmers zusammensuchen. Weil ich es noch nie vorher gemacht hatte, gelingt es mir nur langsam und unter großen Schwierigkeiten, das Mehl zu mahlen. Ich muß meinen eigenen Speichel benutzen, um es anzufeuchten. Schließlich forme ich einen Laib und weiß nicht, wo ich ihn backen soll. Die dunkle Frau öffnet ihre Röcke und zeigt mir darunter einen glühenden Ofen. Ich schiebe voll Staunen und Ehrfurcht den Laib hinein. Als ich mein Gesicht im Knien erhebe, sehe ich, daß ihr Gesicht freundlich leuchtet. Ich war noch niemals so ergriffen.

Die Göttin sieht es nicht als Schande, wenn eine Frau untertänig ist. Aber wie M. L. von Franz bemerkte, ist solch williges Dienen nicht immer der Weg, wie man bei der Naturgöttin etwas erreichen kann. Manchmal muß man sich ihr eher mit aktivem Heldenmut nähern als mit heroischer Selbsterniedrigung. Gretel mußte die dunkle Göttin erst in den Ofen der Wandlung stoßen. Manchmal muß man sie ertragen oder meiden oder ihr auf schlaue Weise entfliehen. Es scheint von der bewußten Persönlichkeit des Besuchers abzuhängen, welche Eigenschaften der dunklen Seite der Instinkt- und Bildmuster jeweils abgewonnen werden können. Für die hohe Göttin Inanna, die Stolze, Leidenschaftliche und Aktive, sind eben unterwürfiges Opfer, Demut und passives Spiegeln die kompensierenden Mittel, um sie freizusetzen.

IX Die Rückkehr und ihr Preis: Der Sündenbock-Geliebte

Die Rückkehr Inannas – die Rückkehr des Verdrängten

Oft bemerken wir es nicht einmal, wenn der Augenblick der Rückkehr gekommen ist. Es mag sein, daß wir uns einfach nur verwirrt und schwindelig fühlen, wie ein Säugling kurz vor der Geburt. Und ebenso ist es bei der Wiederbelebung Inannas. Sie wird mit der Nahrung und dem Wasser des Lebens «besprengt».[135] Es findet eine Salbung oder ein Trankopfer (Libation) mit etwas Eßbarem statt, ihr wird Wertschätzung und Bestätigung in kleinen Happen gewährt. Ebenso wie Eingeweihte oft wie Säuglinge gefüttert werden, so wird Inanna, die als Eingeweihte der dunklen Göttin wiedergeboren wird, besprengt und kehrt nur langsam wieder ins Leben zurück. Nahrung und Wasser stehen hier für die neue Libido, die wieder auffüllen soll, was durch ihre Opferhandlung verlorengegangen war. Dies stellt das seelische Gleichgewicht wieder her und macht es Inanna möglich, wieder in der Oberwelt zu leben.

In der Analyse finden wir die Parallele dazu in der Notwendigkeit, dem Analysanden, der noch nicht genügend Vertrauen besitzt, immer wieder Bestätigung in kleiner immunisierender Dosis zu geben, bis er die Erfahrung des Angenommenseins ertragen kann. Das bedeutet, daß man sich vor Eile hüten muß und sich mit den unendlich vielen kleinen Affekten und Geschehnissen des täglichen Lebens im Detail zu beschäftigen hat, bis die Lebensenergie in der betroffenen Seele wieder zu fließen beginnt.

Inanna steigt aus der Unterwelt empor, dem aktiven Leben wiedergeboren. Aber sie kehrt auf dämonische Weise zurück, von den kleinen, unbarmherzigen Dämonen Ereshkigals umgeben, deren Aufgabe es ist, den Toten zu holen. Im Mythos haben sie den Ersatz für Inanna zurückzubringen. Inanna selbst kehrt in die Oberwelt mit dem «Auge des Todes» zurück, um den Sündenbock zu wählen. Sie ist Ereshkigal begegnet und kennt nun die Realität der Tiefe – daß alles Leben und jede Veränderung Opfer fordern. Das ist genau das Wissen, dem die patriarchalische Moral und die ewigen Mädchen-Töchter der Väter entflohen sind, um den Schmerz bei der eigenen Erneuerung und die schmerzhafte Erkenntnis ihrer eigenen Selbständigkeit und Einzigartigkeit nicht auf sich nehmen zu müssen. Inanna ist voll Negativität, als sie heraufkommt und auf ihr Überlebensrecht pocht. Sie ist kein liebliches Mädchen, keine Tochter der Väter, sondern häßlich, selbstsüchtig, unbarmherzig und entschlossen, sich ablehnend und kalt zu verhalten.

Wir kennen diese dämonische Rückkehr der verdrängten Schattenkräfte. Obwohl sie eigentlich das Leben repräsentieren, brechen sie oft bei der Geburt hervor und müssen erst mühsam gezähmt werden. Sie können sich als «wildes Tier» zeigen oder auch nur als Furcht, wenn eine Frau aus ihrem Versteck hervorkommt, um den ihr gemäßen Platz im Leben – vor sich selbst oder vor anderen – einzunehmen. Wir finden diese dämonische Form der zurückkehrenden Göttin häufig in den ersten befreiungswütigen Phasen der Frauenbewegung. Diese Phase ist zum größten Teil vorüber, aber in jeder Frau, die einzeln die Einweihung durchläuft, kann sie sich in gleicher Form zeigen.[136] An diesem Punkt in der Analyse angelangt, träumte eine Frau:

Ich zahle einem Mann, der seine Leidenschaftlichkeit hinter einer unnatürlichen intellektuellen Fassade versteckt, zurück, was ich ihm schulde. Plötzlich fangen sämtliche Sirenen der Stadt an zu heulen, als ob ein atomarer Angriff bevorstünde. Ich merke, daß es nirgendwo ein Versteck gibt.

Einen atomaren Angriff beschrieb sie als kalte, unpersönliche, zerstörerische Kraft.

Eine andere Frau fürchtete, sich in einen reißenden Leoparden zu verwandeln, wenn sie anfinge, sich selbst zu behaupten. Aber sie fand diese neue Macht herrlich und genoß sie. «Ich kann mich nun endlich gegen meinen Mann zur Wehr setzen. Ich merke sogar, daß ich ihn verletzen, nicht nur mich von ihm verletzen lassen möchte. Soll er selbst sehen, wie er damit zurechtkommt», drohte sie und freute sich an ihrer neuerworbenen Kraft. Es bedeutete für ihre Ehe, daß ihre alte sentimentale und willfährige Genügsamkeit zu Ende ging. Sie konnte keine indirekte Bestätigung mehr darin finden, die zerbrechliche Märtyrerin zu spielen, die alles erträgt. Die alte Grundlage der ehelichen Beziehung, Mitleid und Fürsorge als Ersatz für Liebe zwischen zwei gleichwertigen Menschen, war hinfällig, und beide Partner waren gezwungen, ein neues Muster für ihre Beziehung zu finden.

Auf diese Weise bringt die Veränderung des Individuums die neuen Beziehungen und Institutionen des nach-patriarchalischen Zeitalters hervor.

Der Sündenbock-Ersatz als Opfer

Bei ihrer Rückkehr besteht für Inanna das Problem, den Ersatz für sich selbst finden zu müssen. Wen kann sie als ihren Sündenbock hinunterschicken? Das Gesetz von der Erhaltung und dem Opfer von Energie ermöglichte ihre Auslösung. Im

Mythos wird dieses Gesetz als die Grundlage der Riten der Jahresgötter dargestellt. Wie wir gesehen haben, kann nur ein gleichwertiges Opfer den Riß im Ganzheitsmuster wieder ausgleichen.

Einerseits ist es verständlich, daß Inanna nur ihr am meisten geliebter Gefährte gleichwertig ist. In einem Liebeslied, das sie für Dumuzi schreibt, sagt sie ihm:

> Du, Geliebter, Mann meines Herzens,
> Du, ich habe ein übles Schicksal für dich ...
> Deine rechte Hand legtest du auf meine Vulva,
> Deine linke strich über meinen Kopf.
> Meinen Mund hast du mit dem deinen berührt,
> Meine Lippen gegen deinen Kopf gepreßt.
> Deshalb wurde dir das Verhängnis zuteil.
> So wird der «Drache» der Frauen behandelt ...[137]

Dumuzis Liebe zur Göttin hat ihm großen Wohlstand und Freude eingebracht. Aber er hatte Intimität gewagt, und diese fordert ihren Preis. In den späteren Mysterien ist es verboten, zu leben, wenn man das Antlitz der Göttin geschaut hat. Kein Sterblicher ist imstande, ohne Schaden der Wirklichkeit ins ehrfurchterregende Antlitz zu schauen. Dumuzi jedoch tat dies und noch mehr. So war er bereits heilig gemacht – oder «heiliges Opfer» (Sakrifizium) geworden. Als Eingeweihtem begegnet ihm die Göttin in ihrer Unterweltgestalt. Dies ist das esoterische und psychologische Geheimnis seines Opfers. Inanna fordert ihren Gefährten heraus, die gleiche Reise zu unternehmen, die sie durchzustehen hatte – vielleicht sollte er die gleiche Stärke und Weisheit erlangen wie sie.

Geliebt zu werden bedeutet, sehr verletzbar zu sein, da man sich gegenseitig in seinen tiefsten Komplexen kennenlernt. So kommt die Stunde unausweichlich wie ein Verhängnis, in der der Geliebte die tiefsten Wunden aufreißt, so daß die beiden

Liebenden zu Feinden werden. Sie sind liebende Feinde, weil die Wunden zwar Trennungen schaffen, der Funke der Leidenschaft sie aber von neuem überspringen kann. Wenn wir dazu bestimmt sind, uns psychisch weiterzuentwickeln, merken wir meist, daß wir genau den Partner gewählt haben, der uns mit der Nase auf unsere schlimmsten Komplexe zu eben diesem Zwecke stoßen wird.

Womöglich ist uns das Verletztwerden dann wichtig, wenn uns der andere ebenso lieb ist wie das Bedürfnis, unsere innere Wahrheit auszusprechen – falls eine echte (wenn auch gefürchtete) Gleichheit besteht. Wenn in intimen Situationen diese Gleichheit nicht empfunden wird, ist es sehr schwer, so objektiv wie die dunkle Göttin die Dinge zu sehen und auszusprechen, denn diese kühle Objektivität bedroht unser Bild von Liebe, welches auf kindlichen Bedürfnissen nach elterlicher Sicherheit und Zuwendung beruht. So schleichen wir allzuoft umher, ducken und schützen uns und den anderen, wenn er oder sie zu schwach scheint, die Wahrheit ohne schreckliche Vergeltungssucht ertragen zu können.

Wenn wir uns in unserem Wertgefühl von anderen abhängig machen, bemühen wir uns meist, versöhnlich zu sein, oder explodieren unkontrolliert. Aber wenn wir willens sind, Dumuzi hinunterzuschicken (d.h. unseren Geliebten zu opfern – Anm. d. Übersetzers), wagen wir es, für unsere eigene Wirklichkeit einzustehen und den wunden Punkt anzupeilen, in dem sich ein Komplex versteckt – auch wenn es den anderen in die Defensive treibt, so daß sein oder ihr Ich für uns in der Unterwelt verschwindet. Dies ist die extravertierte Seite der Konfrontation mit Dumuzi, die den Geliebten herausfordert. Für die introvertierte Seite bedeutet es, auch das höchste Ideal für die Göttin zu opfern, es ihretwegen aufzugeben. Die angenehme Nettigkeit der Liebesgöttin und der menschlichen Vater-Tochter, ihre Identifizierung mit den unschuldigen und angenehmen Dingen des Lebens – diese Animus-Ideale müssen auf die dunkle Göttin umorientiert und in ihrem Dienst tiefgreifend verändert werden, damit die Frau als sie selbst, im Dienst an ihrem Selbst, überleben kann. Der geliebte Dumuzi hier ist nichts anderes als die gehätschelte Animus-Haltung, der alte König, den die weibliche Seele ihrem Selbst opfern muß, den sie töten muß als den Urquell ihrer eigenen Wertschätzung und Identität.

Dumuzi

Im mythologischen Zusammenhang ist Dumuzi der sterbende königliche Hirte, der Vorläufer von Abel und Christus. Sein Name bedeutet «treuer Sohn». Seine Mutter ist die Göttin, die bei den Schafhirten das Mutterschaf personifiziert, bei den Kuhhirten ist sie die Herrin der wilden Kühe. An anderen Stellen wird die Göttin des Schilfs als seine Mutter genannt. (Nirgendwo wird er als Sohn Inannas bezeichnet.) Dumuzis Vater ist Enki, der Herr der fruchtbaren Wasser, von denen eine reiche Ernte abhängt.[138] Ein Aspekt Dumuzis hat mit dem Gott der Dattelpalmen zu tun, ein anderer mit dem Getreide und der Kraft der Gerste, Bier hervorzubringen.[139] Jacobsen nennt ihn den «*élan vital* des neuen Lebens im Pflanzen- und Tierreich».[140]

Aber zugleich ist er der sterbliche König und Hirte des Volkes, ein Mensch, der durch die Lebensgesetze der Befruchtung und Ernte mit der Unsterblichkeit verbunden ist. Auf der Uruk-Vase aus dem vierten Jahrtausend ist er als Gemahl Inannas im Ritus der heiligen Hochzeit dargestellt. In dieser Rolle verkörpert er den ganz fleischgewordenen, jedoch unsterblichen Menschen, eine Art Gott-Menschen. Als ihr Gemahl ist er in den Dienst der unsterblichen Göttin des

Lebens und der Fruchtbarkeit eingeweiht. Sein Bewußtsein ist mit der Begrenztheit des Lebens verbunden, denn es transzendiert diese Grenzen – er läßt überpersönliche Energien einströmen, die das sterbliche Leben in einen größeren Zusammenhang einbetten. So wie Apuleius durch seine Identifikation mit dem Sonnengott selbst zur Sonne und als Sonnengott verehrt wurde, wird Dumuzi in seiner Rolle als König und Gemahl vergöttlicht.

Doch ist er der sterbliche Gemahl der Göttin des Erdreichs, und so muß er sterben, damit die irdische Schöpfung sich erneuern kann. Seine menschliche Libido wird gebraucht, um die alles-gebende Erde (Inannas Brust) anzuregen und den Acker (Inannas Vulva) zu pflügen,[141] damit sie dem Land Fruchtbarkeit geben kann. Aber auch sein Tod ist für die Erneuerung notwendig, denn als König verkörpert er Ernte, den Höhepunkt göttlicher Vollkommenheit und Kraft, die unausweichlich vergehen muß. Hier nun werden sie in ihrer Blüte geopfert, um den Kreislauf in Gang zu halten: den Kreislauf des Blühens und Vergehens, der liebenden Vereinigung und schmerzlichen Trennung, des Bindens und Lösens.

Bevor Inanna die Stadt Erech betritt, um Dumuzi zu finden, begegnen ihr drei andere Gestalten, alle in Sackleinen gekleidet, und werfen sich der «Mutter Inanna» zu Füßen. Es sind Ninshubur und ihre eigenen Söhne, die sie den Dämonen nicht ausliefern will. Dumuzi aber interessiert sich nicht für ihre Not. Er sitzt «königlich gekleidet ... auf seinem hohen Thron».[142] Es kümmert ihn nicht sonderlich, die Göttin von Dämonen umgeben zu sehen, und er steigt deshalb nicht von seinem Thron herab. Als ihrem Gemahl und Jahresgott wurden ihm die Nöte der Dürre erspart. Er scheint die Göttin nicht bewußt wahrzunehmen – außer in ihren Aspekten der Fruchtbarkeits- und Liebesgöttin. Er sonnt sich in der Rolle des Favoriten – königlich und gottgleich trotz aller Unwissenheit. Auf ihn richtet nun Inanna ihren Haß und ihre Rache – hier erscheint die dämonische Seite der wiederkehrenden Göttin. Auf ihn «richtete sie das Auge des Todes, sprach das Wort aus gegen ihn, das Wort des Zorns ...»[143]

Hier in der Welt des Lichts wiederholt sie die Handlung ihrer dunklen Schwester unten, sie selbst ist zur Verkörperung des todbringenden Unterweltaspekts der Göttin geworden.

Bis zu diesem Augenblick ist Dumuzi weder unterwürfig noch ängstlich. Er fühlt sich in seiner Identität als Gott sicher. Er ist stark genug – oder sich seiner menschlichen Gebrechlichkeit nicht ausreichend bewußt –, daß er als geliebter Gemahl und König, als Gott-Mensch dasteht und nicht als Kind, das bei seiner Mutter um Erbarmen bettelt. Damit ehrt und respektiert er Inanna, denn diesem Dumuzi gegenüber kann sie ihren unbändigen Lebenswillen behaupten und schließlich bezähmen, wenn die Zeit dafür reif ist. Er begegnet mit seiner eigenständigen und in sich ruhenden Realität der ihrigen. Er steht ihr gleichwertig gegenüber und versucht nicht, sie versöhnlich zu stimmen. Sie ist nicht verpflichtet, liebevoll zu sein. Sie kann die ungleichen Bindungen der Göttin zum Menschen, der Königin zum Diener, der Mutter zum Kind durchtrennen. Sie findet den Freiraum, wo sie ihn auf die Probe stellen und mehr von sich selbst in der bewußten Welt verkörpern kann. Er würdigt sie der Konfrontation.

Hier wird eine Situation deutlich, in der überpersönliche Energien einen menschlichen Partner brauchen – nicht als Echo und Spiegel, sondern ebenbürtig und in Würde. Da Dumuzi der Gemahl der Göttin war, konnte er vorübergehend eine überpersönliche Kraft verkörpern, um die ihre im Gleichgewicht zu halten. So hat ihre dämonische Rückkehr ihr Ziel erreicht. Die Dämonen haben nun einen Brennpunkt, auf den sie ihre Wut richten können: Dumuzi. Seine Fähigkeit, sich ihnen zu stellen, nimmt die Last von seinem Volk, denn als dessen Herr und König bekommt er die Wut der Dämonen zu spüren; er ist des Volkes Sündenbock und das Opfer der Versöhnung.

In der heutigen Welt hat oft genug ein nahestehendes Familienmitglied oder der Therapeut den Ausbruch der unzähmbaren Energien zu ertragen, wenn ein Eingeweihter neu geboren und zunächst «dämonisch» aus der Unterwelt zurückkehrt. Wenn man das bewußt bejahen kann, trägt man es als Teil des Gesamtprozesses.

Dieser Teil des Mythos zeigt die psychologischen Probleme der Frauen auf, die sich mit dem entarteten Ideal der süßlichen, selbstverleugnenden Beziehung als Mittel zur Selbstbestätigung identifiziert haben. Ihre eigenen Bedürfnisse bleiben unbeachtet, wenn man ihnen das Bild der mütterlichen oder der schwachen, bedauernswerten Frau aufdrückt. Sie verlieren ihre Fähigkeit zur echten Beziehung, indem sie die Verschmelzung suchen, die weiter nichts als die Flucht vor der Konfrontation bedeutet. So bleibt die weibliche Stärke, die sie eigentlich benötigen, um ihre individuelle Integrität aufzubauen, in die Unterwelt verbannt. Aber die Energie, die im Komplex der individuellen Identität enthalten ist, bleibt erhalten. Diese fließt zurück, und die Frau versinkt in immer wiederkehrenden Depressionen. Möglicherweise sucht sich der Komplex auch ein entsprechendes Gegenüber, das die leidenschaftliche Energie des Komplexes auffangen und in rechte Bahnen lenken kann, indem es die Energie achtet und damit die Frau unterstützt, diese Energie umzusetzen.

Wenn eine leidenschaftliche Frau jemanden leiden sieht, kann sie von Kummer und Schuldgefühlen überwältigt werden. Nur zu oft wird die Stärke einer Frau vor ihrem Aufblühen durch einen Vater, Bruder oder Ehemann erstickt, der selbst so sehr in seinem eigenen Mutterkomplex gefangen ist, daß er nicht auf eigenen Füßen stehen kann. Ein solcher buckelt und dienert wie Inannas Söhne oder tobt wie ein höllischer Stier, von seinen eigenen unbewußten Tiefen getrieben. Und die lebensbejahende Energie der Frau, mit der sie ihre persönliche, eigenständige Identität aufbauen könnte, richtet sich dann gegen sich selbst oder ihre physischen und psychischen Kinder, oder sie zeigt sich in verkappt aggressiven Manövern. In beiden Fällen verliert sie eine weitere Möglichkeit, ihre eigenen Bedürfnisse zu achten. Hier brauchen Frauen Hilfe von anderen Frauen oder Männern, denn wir fangen gerade erst an, uns von althergebrachten, sentimentalen Idealen loszusagen, und wir können bei diesem Prozeß, unsere volle Identität zu verwirklichen, bei andern sehr wohl Anstoß erregen.

Die Tatsache, daß Dumuzi der wiedergeborenen Inanna keine Achtung entgegenbringt, kann man noch aus einem anderen Blickwinkel betrachten. Dieser spielt eine große Rolle, wenn Frauen darum kämpfen, sich und anderen ihr Leiden und ihre Stärken zum Bewußtsein zu bringen. Dumuzi feierte, während seine Gefährtin litt. Er scherte sich weder um ihren Abstieg noch um ihre Rückkehr, und man kann daraus schließen, daß er eine ziemlich armselige Beziehung zu seiner eigenen verletzlichen Empfindsamkeit und Tiefe besitzt. Also negiert er die Göttin, versteckt sich vor ihren Schmerzen und Nöten hinter Großartigkeit und Munterkeit. Ganz anders als die «Söhne», die von ihr gar zu sehr überwältigt und beeindruckt sind, sitzt er zu weit oben, um wirkliches Mitgefühl für Inanna zu empfinden.

Wir sehen diese Situation oft genug in den narzißtischen Reaktionen eines Mannes, der die Leiden seiner Partnerin negiert oder als lächerlich abtut – zum Beispiel nach einer Geburt oder bei ihren Versuchen, einen eigenen unabhängigen Status außerhalb «seiner» Familie zu finden. Dann passiert es, daß der Mann «ich Ärmster» oder «zuerst bin ich dran» spielt und dabei versteckt oder offenkundig den Kampf der Frau unterminiert. Besonders dann, wenn sie beginnt, ihre Stärke zu entdecken und seine selbstverständliche Vorherrschaft herauszufordern, wird er vielleicht sich aus seiner Verantwortung herauszuwinden versuchen, indem er sie anschuldigt oder herabwürdigt oder sich in Passivität und Unnahbarkeit flüchtet. Damit verrät er, daß auch er es nötig hätte, in der Unterwelt die Beziehung zur inneren Weiblichkeit zu finden, die er uneingeschränkt anzunehmen und als gleichwertig zu achten vermag. Dumuzis Verwandlung in eine Schlange im Mythos könnte als symbolische Andeutung dafür verstanden werden, daß er sich aus der notwendigen Konfrontation mit dem Unbewußten herauszuwinden sucht. Die Flucht zu seiner Schwester, die in einer anderen Version des Gedichts als Lösungsweg gegeben wird, verspricht dagegen einen hoffnungsvolleren Ausblick, was die Entwicklung seiner Anima und seiner Individualität betrifft.

X Ausgleich und Abschluß: Den Wandlungsprozeß annehmen

Ein erster Lösungsweg: die Weisheit der Wandlung

«Nehmt ihn mit», verfügt Inanna. Und die Dämonen als Instrumente des Schicksals, «die keine Geschenke annehmen», fesseln und schlagen Dumuzi. Seine Erfahrung der Folter ist der Qual von Hiob oder Christus nicht unähnlich. Und ebenso wie seine mythologischen Nachfahren wendet er sich an Gott mit der Bitte, ihm diese Qual zu ersparen, denn durch das Leiden erwacht Dumuzi voll zum Bewußtsein von Angst und Sterblichkeit. Er wurde seinem königlichen, gottähnlichen Status entrissen und sich plötzlich seiner menschlichen Unsicherheit, der Begrenztheit durch Zeit und Tod bewußt. Mit dem dunklen Aspekt der Göttin Inanna konfrontiert, empfindet er Furcht und Entsetzen. Das lehrt ihn die Ehrfurcht vor ihr und die Wertschätzung seines sterblichen Lebens. Er versucht sich zu retten. Er vergießt Tränen. Er wendet sich bittend an Utu, den Sonnengott, der seine Heirat mit Inanna arrangiert hatte. Er bittet darum, in eine Schlange verwandelt zu werden. Utu erhört ihn.

Anders als Gilgamesch verliert Dumuzi nicht seine Unsterblichkeit, als er zur Schlange wird. Statt dessen gewinnt er die Schlangenweisheit: daß nichts im Großen Runden zugrunde geht. Wie bei der Schlange, die sich häutet (wie sich Inanna ihrer Königszeichen entkleidet), so verschwinden und erneuern sich die Lebensformen. Die unsterbliche Energie der Schlangenkraft bleibt bestehen. So besteigt Dumuzi in anderen

Inkarnationen Inannas Thron und Bett, um der unsterblichen Lebensgöttin als sterblicher Gemahl zu dienen. Die Institution des göttlichen Königtums, das Symbol erneuerten Lebens, wird weiterbestehen und dadurch Dumuzi seiner Sterblichkeit «entfliehen». Dieses Gedicht endet mit den Worten, daß in der Gestalt der Schlange «Dumuzi, der König, seinen Dämonen entfloh».[144] Dies ist das «Entfliehen» des Eingeweihten und der magisch-matriarchalischen Dimension des Bewußtseins, das im Umwandlungszyklus der Energie einen bestimmten Aspekt des Ganzheitsmusters darstellt.

Die Umwandlung wird hier von Utu, Inannas Sonnenbruder, in Gang gesetzt. Als Antwort auf Dumuzis Tränen und seine Erfahrung der Sterblichkeit und des Leidens heiligt Utu Dumuzi. Er opfert seine menschliche Inkarnation, schenkt ihm die unsterbliche Gestalt der Schlange und macht ihn so zum Gemahl der Göttin, Symbol der Lebensenergie.

Der Sonnengott Utu stellt das ausgleichende Gegenüber zu Ereshkigal dar. Wie Enki steht auch er außerhalb des patriarchalischen Logos-Prinzips, nicht als Gegenspieler, sondern als komplementäre Ergänzung des Weiblichen. Wie andere Sonnengottheiten gehört auch er zum Weiblichen als das Zwillingsgestirn der nächtlichen Mond- oder Sternengöttin (oder als Sohn oder Gemahl der Erde). Durch Dumuzis Umwandlung drückt er seine Botschaft aus, daß das Leben fortdauert, daß es keine starren Grenzen, sondern nur Umwandlung der Energie gibt. Dies gleicht Dumuzis Furcht aus, genauso wie Ereshkigals Botschaft – das Leben endet, es gibt Grenzen und Trennungen – Inannas jungfräuliche Unschuld ausgleicht. Der Sonnengott und die dunkle Göttin sind Eckpfeiler des esoterischen Tempels mit seiner Weisheit der Wandlung. Wir werden in diesem Mythos keinen feststehenden Lösungsweg finden, kein Dogma, sondern nur diese tiefe Weisheit.

In der psychologischen Arbeit begegnen wir solchen Umwandlungen der Form, wenn ein Patient von entsetzlicher

Furcht vor einem übermächtigen Gegner erfaßt wird. Die Furcht wirft ihn dabei aus seinen menschlichen Dimensionen heraus.

Er verliert seine menschliche Seele wie Dumuzi, dessen «Seele ihn verließ wie ein Falke, der einem Vogel entgegenfliegt».[145] Der Patient fällt ins Unbewußte, von Emotionen und Panik überwältigt. Mit der Furcht völlig identifiziert, versucht er doch den Angriff zu überleben und sich vor dem Leben zu verstecken, bis es eine Gelegenheit gibt, unter günstigeren Umständen wiedergeboren zu werden. Furcht verschlingt die sterbliche Seele und verursacht deren Abstieg. In dieser Situation kann die Unterwelt ein Versteck, eine Zuflucht sein. Dieses Wegtauchen, diesen Abstieg, sehen wir in negativen Animus- und Anima-Attacken, in denen Emotionen das Empfinden für die eigene persönliche Identität überschwemmen. Wir finden dies auch in der Lebensgeschichte von Menschen, die sich als Außenseiter und Sündenböcke fühlen, weil sie keine entsprechende Sicherheit in einer Umgebung finden konnten, die ihnen Wertschätzung entgegenbrachte. Dann bleibt nur die Unterwelt als schmerzliche Zuflucht ihrer Seele, und ihre Rückkehr ins Leben erfolgt oft nach dem Muster der Geschichte Inannas.

Ein zweiter Lösungsweg: Inannas Reue und die Wiederherstellung des Energiegleichgewichts

In anderen Mythen – «Der jammervollste Schrei»,[146] «Dumuzis Traum» und «Die Rückkehr»[147] – endet die Geschichte auf verschiedene Weise. Zwei neue Elemente kommen hinzu, nämlich Inannas Reaktion auf den Tod ihres Gemahls, und, als neue Figur, Dumuzis Schwester Geshtinanna.

Zunächst gibt es die Lieder, in welchen die Große Göttin den Verlust ihres Geliebten beklagt:

> Inanna klagt um ihren jungen Bräutigam,
> «Mein Gatte, mein süßer Gatte ist gegangen...
> Mein Gatte ist zu den ... Pflanzen gegangen...
> Mein Gatte, der ausging, um Nahrung zu suchen, wurde den Pflanzen ausgeliefert...
> ...der ausging, um Wasser zu suchen, wurde dem Wasser ausgeliefert.
> Mein Bräutigam, wie eine Hand zermalmt..., hat die Stadt verlassen...»[148]

Sie klagt, daß er «gefangengenommen» wurde, «getötet» wurde, daß er nun «nicht länger badet», «nicht länger die Mutter Inannas wie seine eigene behandelt», daß er sich «nicht länger mit den Burschen seiner Stadt mißt» und «nicht länger seine süßen Spiele mit den Mädchen der Stadt macht». Inanna ist untröstlich. Sie sucht nach ihrem verlorenen Geliebten. Sie «verherrlicht den Ort, an dem ihr Gatte liegt», sein Grab außerhalb der Stadt (in jener Steppe, wo später die hebräischen Sündenböcke hergeholt wurden), indem sie eine alte Göttin von Muttersöhnen in einen Wassersack verwandelt, so daß der reisende Jüngling dort frisches Wasser zu trinken hat. Dies läßt vermuten, daß ein altes Gefäß, woraus sich die Libido nährte, in ein neues umgewandelt wurde. Daraus erkennt der Unterwelt-Reisende, daß er geliebt wird und aus dieser mütterlichen Quelle sogar trinken kann, wenn er in seiner inneren Wüste auf einsamer Wanderschaft ist. So tröstet die Göttin und läßt uns wissen, daß sich mütterliche Hilfe verwandeln und uns auch bei unserem todesähnlichen Abstieg erquicken kann.

Die Göttin trauert um ihren Geliebten. Selbst sie kann sich der tiefen Traurigkeit des fühlenden Herzens nicht entziehen, die durch Veränderung entsteht. Als Werkzeug des Schicksals gibt sie Anlaß zu Trauer, aber sie erleidet und mildert diese ebenso. Während Ereshkigal stöhnte, war sie sich in der Unterwelt ihrer eigenen Wandlung nicht bewußt. Im Großen Oben erleidet Inanna die Trennung von ihrem Geliebten.

Daneben gibt es in den sumerischen Dynastien aber noch andere Lieder, die ihre freudige Wiedervereinigung mit Dumuzi in seinen wiederholten Inkarnationen als König ihres Landes und ihrer Stadt beschreiben. «Am Tage des ‹Schlafes›, am Neujahrstag, dem Tag der Riten», nimmt sie andere in ihr Gemach zum Ritus der Heiligen Hochzeit, und der Zyklus des unsterblichen Lebens wird gefeiert.[149]

Die Große Göttin freut sich und trauert, wenn ihr eigener Prozeß des Wechsels von Leben und Tod ihr in einem unendlichen Kreislauf immer neue Sterbliche als Gemahl zuführt oder entreißt – bis Gilgamesch ihre Einladung zum Ritus der Heiligen Hochzeit ablehnt, die Instiution des Königtums auf eine neue Basis stellt und damit die Mißachtung der Göttin aufrecht erhält.

Inanna repräsentiert wie Ereshkigal ein archetypisches Energiemuster. Jede Menschengeneration wird durch den Kontakt mit der bipolaren Göttin verändert und beeinflußt und muß innerhalb ihres großen Musters für sich das lebensfördernde Gleichgewicht finden und erschaffen. Denn der Mensch muß sich immer wieder verändern, muß kämpfen und sich anpassen, um sich im Gleichgewicht zu halten. Dies schließt Ninshuburs praktische Dienstbarkeit ein, um in der Welt überleben zu können. Es ist ein endloses Spiel, ein ständiger Balanceakt, dessen Ergebnis weder festgelegt noch etwa vollkommen ist.

Ein dritter Lösungsweg: Geshtinanna, Dumuzis Schwester

Vom menschlichen Standpunkt aus gesehen, erweist sich das Problem als noch komplizierter. Trotz ihrer archetypischen Intensität fehlt der Göttin Inanna unsere Beziehungsfähigkeit. Jeder Sterbliche kann ihr in der Rolle von Dumuzi dienen. Sie hat als Göttin keine Beziehungen, außer zu ihren eigenen inneren Bedürfnissen und zu ihrer unpersönlichen Intensität. Wir Menschen haben größere Probleme, da wir – klein und an Raum und Zeit gebunden – außerdem in ein Netzwerk der persönlichen Intimitäten verwoben sind.

Wir dienen, werden geprägt und angetrieben durch die archetypischen Energien der beiden Göttinnen, aber wir haben uns außerdem um unsere irdische Existenz und um andere zerbrechliche Wesen zu kümmern, mit denen wir unser Schicksal teilen. Wir kämpfen nicht nur darum, mit dem Reich der Archetypen bewußt in Verbindung zu bleiben und trotzdem die Identifizierung mit einem bestimmten Archetyp zu vermeiden, um das Gleichgewicht fließend und lebensfördernd zu halten. Wir haben auch für Inanna als Göttin der Leidenschaft und Affekte, der Liebe und des Krieges einzustehen, für die Göttin, die unser persönliches zeitgebundenes Leben auf der Erde erhält. Wir müssen ihr außerdem durch die Erhaltung der Menschenwelt mit ihren irdischen Bedürfnissen dienen. Gerade in unseren persönlichen Beziehungen und durch sie begegnen wir der Göttin, denn dort, wo wir unsere Leidenschaften durchleben, inkarniert sie sich: im täglichen Leben. Gerade dies dient Inanna, der großen unpersönlichen Göttin, wie der Mythos von «Dumuzis Traum» nahelegt (siehe unten). Denn durch unsere Leidenschaften und Opfer gewinnt Inanna ihren Geliebten zurück, und das Leben kann aus ihrem heiligen Schoß herausströmen.

Die wahre Natur des Lebens der Erde und der Göttin selbst läßt nicht zu, daß sie nur einen einzigen unsterblichen Partner hat. Der fruchtbare Gemahl der Göttin ist ein Sterblicher, ein Gott-Mensch, ein Mensch, der zum Gott wurde, indem er ihr diente.

Er verkörpert die Polarität von Leben und Tod im ewigen Prozeß der Veränderung. Davor fürchtet sich der Anteil in uns, der wie Gilgamesch Ewigkeit und Beständigkeit sucht. Aber da die Göttin auch die Materie repräsentiert, kann keine statische ewige Form im stofflichen Leben existieren. Unsere Ewigkeit müssen wir auf andere Art und Weise finden – nicht durch Festklammern an verkörperten Identitäten, also an heroischen Idealen. Wir müssen die Verachtung, die Gilgamesch und das patriarchalische Ich der Göttin entgegenbringen – die sie als wankelmütig ablehnen –, überwinden und lernen, ihr gerade in ihrer Wechselhaftigkeit zu dienen. Dies ist die wichtigste psychologische Aufgabe, die unser Zeitalter zu erfüllen hat.

Im Mythos von «Dumuzis Traum» werden wir in diese Richtung durch eine neue Figur gewiesen, die dort eingeführt wird. Die Schwester des Hirtenkönigs, Geshtinanna, führt uns aus der Intensität der stürmischen mythischen Kräfte heraus. Sie schlägt eine Brücke zwischen den überwältigend lebensvollen Energiemustern, die in den Mythen über Inanna beschrieben werden, und den Mustern der bescheideneren, irdischen, menschlichen Welt. Sie zeigt uns eine Möglichkeit, wie wir uns unsere Achtung vor der Lebens- und Erdgöttin bewahren können. Doch dies hat seinen Preis: den Preis der willentlichen *Annahme*.

*

Geshtinanna, Dumuzis Schwester, Tochter von Enki und dessen Frau, der Schilfgöttin, ist eine weise Frau, «eine Tontafelschreiberin ... die die Bedeutung von Worten kennt, ... die die Bedeutung von Träumen kennt».[150] Im Gedicht hat der Hirtenkönig einen Traum, in dem er selbst und sein Werk zerstört werden. Er sieht ein einzelnes Schilfrohr, das sich trauernd biegt, und zwei Rohre, die geschnitten werden. Er bittet seine Schwester um die Deutung des Traumes: Sie versteht ihn als Voraussage der Trauer ihrer Mutter und als Beschreibung seines und ihres Schicksals. Sie drängt ihren Bruder zu fliehen. Sie sieht, wie «die Dämonen sich gegen ihn wenden», und schwört, ihn mit ihrem Schweigen zu schützen, selbst wenn sie an seiner Statt gefoltert werden sollte. Als er später in ihr Haus flieht, wo er schließlich ergriffen wird, läuft sie draußen laut jammernd umher und sucht ihren Bruder.

Sie handelt wie Ninshubur – aber im Dienst der menschlichen Natur – und tut, was sie kann, um den in der Unterwelt Verlorenen zurückzuholen. Sie folgt dem Schicksal, das sie in Dumuzis Traum vorausgesehen hatte. Dies tut sie als Sterbliche und im Namen der Göttin, nicht aber im Namen der Himmelsgötter. Mit Inanna zusammen, als deren Freundin sie in anderen Mythen beschrieben wird und deren Liebe zu Dumuzi sie sehr wohl kennt,[151] findet sie sein Grab und trauert mit ihr. Mit vollem Bewußtsein und in Übereinstimmung mit den Gesetzen der Göttin opfert sie sich und geht an ihres Bruders Statt in die Unterwelt. Sie fügt sich dem Schicksal ihrer Erniedrigung.

Inanna und sie steigen hinab, nachdem sie Trennung und Verlust erfahren haben: den Tod eines lebenswichtigen Partners. (Deshalb wurden Gräber immer schon als Eingang zur Unterwelt und ihren unbewußten Tiefen betrachtet.) Aber Geshtinanna opfert sich selbst nicht, um wie die Göttin Abenteuerlust und Stärke zu zeigen. Ihre Motivation ist eine menschliche Leidenschaft – Liebe und Kummer. Und Inanna ist durch ihr Angebot, sich an ihres Bruders Statt zu opfern, derart bewegt, daß sie Dumuzis Verurteilung abändert und das im Traum beschriebene Schicksal Geshtinannas mildert. Sie verfügt, daß Bruder und Schwester sich abwechseln und jeweils sechs Monate in der Unterwelt und sechs Monate auf der Erde verbringen sollen. Die Göttin läßt sie ihren eigenen Wandlungsprozeß verkörpern – den Kreislauf von Abstieg und Rückkehr, Rückkehr und Abstieg –, die endlose Neuordnung des Lebensmusters.

Der Name Geshtinanna bedeutet «Rebe des Himmels». Einer ihrer Beinamen ist «Wurzelstock der Traube».[152] Sie repräsentiert die Kraft der im Herbst gepflückten Traube und den im Frühjahr daraus gegorenen Wein, so wie Dumuzi das im Frühjahr geerntete Getreide und das daraus gewonnene Bier personifiziert. Sie steht ihrem Bruder ebenso nahe wie Inanna ihrem Bruder, dem Sonnengott Utu. Vielleicht sogar näher, denn in einem Gedicht wird beschrieben, wie der Hirte Geshtinanna in die Sexualität einführt, indem er ihr zeigt, wie sich die Tiere seiner Herde untereinander paaren. Sie steht für die irdische «Wurzelstock»-Schwester des Zwillinge-Paares. Sie symbolisiert die endogame Libido des Königtums, die eine intime persönliche Verbindung zum Männlichen darstellt; beide sind sie aus dem gleichen Schoß geboren, beide gemeinsam zum Sterben bestimmt – im Traumbild als geschnittene Schilfrohre zu sehen. So personifiziert Geshtinanna die Frau als Kameradin des sterblichen Mannes. Sie ist in einer Weise liebesfähig, die über Inannas unpersönliche Fähigkeiten hinausgeht, sie vermag die zerbrechlichen Muster des Lebens in ihrer menschlichen Weisheit zu sehen, bereit, seine Last mit menschlicher Liebe und Einfühlung mitzutragen. Sie dient zwar der wiedergeborenen Göttin, bleibt dabei aber ganz sie selbst.

Geshtinanna betritt die Szene erst nach Inannas Abstieg und Rückkehr. Sie besitzt nicht die Schutzmechanismen einer Vater-Tochter, die jede Aufopferung für das Männliche – ohne dabei nach Wiedergutmachung zu schielen – als Zumutung erlebt. Ihre Beziehungsfähigkeit geht tiefer, ist spezifischer in der irdischen Gefühlswelt verwurzelt – sie geht über die hoheitsvollen, unpersönlichen Rhythmen und Uraffekte der Göttin hinaus. Sie kann die Botschaften des Unbewußten lesen und sich doch gegen die Dämonen der Unterwelt behaupten. Sie ist das Symbol einer Vermittlerin zwischen den menschlichen und den überpersönlichen Bereichen und nimmt an der schweren Aufgabe teil, die beiden miteinander zu verflechten.

Geshtinanna könnte das Ergebnis von Inannas Abstieg und Wiederkehr symbolisieren: als ein keimender Sproß der Begegnung der Göttin mit ihrer dunklen Schwester, ein neuer «Weinstock» des Lebens. Vergleichen wir sie mit der Großen Göttin, so scheint sie auf menschliche Weise demütig und bewußt zu sein. Als Tochter Enkis vertritt sie den Gefühlsbereich. Sie beschützt ihren Bruder in seiner Angst und Abhängigkeit und reagiert kreativ auf sein Geschick, denn sie ist seiner Bestimmung und seinen Gefühlen nahe verwandt. Anders als der Mensch-Gott-Gemahl ist sie eine «weise Frau». Sie ist bewußt. Sie wurde durch beides bewußt, durch den Traum und durch seine Angst. Aber sie ist stark genug, diese zu besänftigen und menschliches Leid durch ein bewußtes, liebendes Opfer auf sich zu nehmen. Aus Liebe zu ihrem Bruder bietet sie sich selbst der Göttin, ihrer Freundin, als Opfer dar. Weder flieht sie vor ihrem Geschick, noch mißachtet sie die Göttin des Schicksals, im Gegensatz zu Gilgamesch und dem Patriarchat. Und sie geht freiwillig in die Unterwelt. Mit diesem mutigen, bewußten Einverständnis durchbricht sie das Sündenbockmuster: Sie selbst wählt die Konfrontation mit der Unterwelt. Freiwillig dient sie beiden, Ereshkigal und Inanna. Ihr Bild ist Christus ähnlich – wenn auch persönlicher – und zutiefst weiblich. Er gab sein Leben für alle Menschen, eine große Geste. Sie opfert sich, indem sie ihr Schicksal mutig annimmt, für einen einzelnen Menschen, ihren Bruder, den sie «geliebter Mann» nennt.[153] Es ist eine vergleichsweise nur bescheidene persönliche Antwort, eine individuelle und individualisierte Erwiderung; es ist ihr eigener schöpferischer Beitrag, um Inanna in ihrem Wandlungsprozeß, in ihrer Form als Liebes- und Kriegsgöttin, zu dienen – aus ihrem persönlichen Gefühl heraus. Auf dieser Erde ist dies der ganze Bereich unserer Gefühlskraft: die Reaktionen im Hier und Jetzt. Es mögen individuelle Unterschiede bestehen, aber diese Skala umfaßt alle.

Geshtinanna ist kein großartiges Vorbild, nicht die einzig mögliche Antwort. Sie ist sie selbst, und so zeigt ihre Reaktion nur ihre persönlichen Gefühle und die ihr mögliche Erfüllung. Sie zeigt uns einfach nur die Probleme und wie sie sie löst. Für mich zeigt sie allerdings die Möglichkeit einer inkarnierten Fähigkeit, der Göttin und dem menschlichen Leben zugleich zu dienen. Sie ist ein Ergebnis und eine Verkörperung des ganzen Einweihungsprozesses – die Schöpfung der erneuerten dunklen Inanna, ihrer Leidenschaft und Reue, und zugleich Dumuzis göttliche Königswürde, menschliche Abhängigkeit und Angst. Sie fühlt als Person und kann als Partnerin in liebender Beziehung zum Männlichen stehen. Sie ist außerdem bereit, sowohl dem lichten als dem dunklen Aspekt ihrer eigenen Tiefen und der Göttin zu dienen. So wie sie in den Gedichten dargestellt wird, fehlt ihr jedoch Inannas Resonanz. Außerdem kennt sie Ereshkigals Reich noch nicht, da sie ihren eigenen Abstieg noch nicht unternommen hat. Ihr Wesen ist nicht zerrissen durch die gegensätzlichen Instinkte, sich entweder ihrem geliebten Bruder oder ihren eigenen einsamen Tiefen zuzuwenden. Sie ist bereit, den Abstieg zu wagen. Und genau dazu werden viele Frauen durch ihre Träume und Gefühle aufgerufen.

Am Ende des Gedichts ist Geshtinanna noch nicht hinabgestiegen, Dumuzi geht zuerst. Dies legt nahe, daß zunächst die Animus- oder Über-Ich-Ideale überwunden werden müssen, ehe die Frau ihren eigenen Abstieg wagen kann.

Vielleicht sind wir neugierig, welche Veränderungen mit Geshtinanna vor sich gehen werden, wenn sie dies erste und alle weiteren Male zurückkehrt. Denn jeder Abstieg ist ein neuer Prozeß, und jedes Mal wird sich ihr Gleichgewicht verändern. Vielleicht sind wir neugierig, wie viele Möglichkeiten für eine reale Frau oder Anima es gibt, sich zu verändern, wenn wir im rhythmischen Wechsel einmal Inanna und damit dem Großen Oben dienen – mit seinen Leidenschaften, extravertierten und kollektiven Beziehungen, seiner Schöpferkraft –, das andere Mal aber Ereshkigal, die für die Welt brütender Dunkelheit und scheinbarer Stagnation steht, wo das kollektive Unbewußte uns beeinflußt, wir unsere im Muladhara-Chakra wurzelnde Einsamkeit erfahren. Wir müssen die Phasen von Abstieg-Rückkehr-Abstieg ertragen – als Dienst an beiden weiblichen Instinkt- und Energiemustern. Es ist schwer, dies zu fühlen und auszusprechen: «Heilige Ereshkigal, süß ist deine Lobpreisung!» Aber dies ist ebenso wichtig wie unsere Freude darüber, wenn Inanna als die ganze Fülle des Weiblichen wieder in der oberen bewußten Welt erscheint. Die Anerkennung Ereshkigals kann uns den Sinn des Schmerzes, Verlustes oder Todes erschließen, ebenso wie wir den Sinn in der leidenschaftlichen Freude Inannas, ihrem kämpferischen Ehrgeiz erneut bekräftigen müssen – beide Erfahrungen sind für Frauen wertvoll und heilig.

Indem sie diesen Prozeß gemeinsam mit ihrem Bruder-Animus verkörpert, im abwechselnden Rhythmus zwischen oben und unten das Spiel der Gegensätze umfaßt und erträgt, stellt sich Geshtinanna außerhalb der patriarchalischen Ordnung, denn sie ist immer schöpferisch und wandlungsfähig. Dies kann nicht willentlich als Ideal angestrebt werden – es geschieht nur durch das Erleiden persönlicher Gefühle und Leidenschaften, ihren inneren Dienst an der Göttin, und durch das Ertragen der ihr von der Göttin auferlegten Wege in die Unterwelt und wieder herauf. Als Wein symbolisiert Geshtinanna einen neuen weiblichen Geist und ein uraltes, doch immer wieder neues Bewußtsein des Prozesses. Jede neue Weinernte muß zur Gärung in die Unterwelt gebracht werden, um als Frucht der unterweltlichen Wandlung zurückzukehren. Da der Wein immer wieder neu ist, werden Geschmack und Qualität variieren. Die Ernte eines jeden Jahres wird sich von der des Vorjahres unterscheiden. Da gibt es keine höchsten Maßstäbe, die erreicht werden könnten oder müßten. Es geht hier um den organischen Rhythmus der Erde, der bewirkt, daß Geschmack und Qualität sich jeweils verändern müssen. Um dies also geht es: verschiedene Gefühle zu unterscheiden, Freude und Trauer zu erleben. Als Vorläuferin des Dionysos zeigt Geshtinanna die Richtung eines neuen, sich individuierenden Ich: eines, das sich den Umwandlungsprozessen von Leben und Tod anheimgibt und sie feiert; eines, das das ständig wechselnde Gleichgewicht zwischen Persönlichem und Überpersönlichem verkörpert;[154] eines, das es wagt, den Schatten der Unterwelt zu begegnen, und ins Leben zurückkehrt mit der Kraft, diese Energien und Gefühle zu leben, anstatt sie zu verdrängen. Nimmt man die Tatsachen von Geshtinannas Geschick als beispielhaft für alle Frauen, ergeben sich bestimmte Schwierigkeiten. Ihr Schicksal, wie es ihr von der Göttin auferlegt wird, kann in uns das Vertrauen in die Veränderung wachsen lassen. Dieses Vertrauen hilft uns dabei, bewußt loszulassen und für das Leben in neuen psychischen Räumen bereit zu sein. Und wie viele von uns entscheidet Geshtinanna sich, ihrem eigenen persönlichen Schicksal zu dienen – jedoch so, wie man es im alten Sumer verstand.

Heute könnten wir wahrscheinlich nicht lange durchhalten, wenn wir daran gehindert würden, eine bewußtere Beziehung zum Partner (oder Animus) auszuleben. In Sumer wurden Beziehungsprobleme durch einen Wechsel von bewußten und unbewußten Situationen gelöst: Geshtinanna und Dumuzi treffen sich nicht wieder. In immerwährendem Kreislauf gehen sie zweimal im Jahr aneinander vorbei. Wir erfahren nichts über eine psychische Entwicklung oder ein Wachstum an Weisheit im Ablauf der Jahre.

Wir modernen Frauen haben eine lange Geschichte, die uns immer mehr zu Bewußtsein kommt. Wir können die Auswirkungen unserer unbeholfenen Kämpfe im Patriarchat und in der Unterwelt spüren. Und wir müssen, wie Jung sagt, «den Mythos weiterträumen». Es gibt keine Vorbilder, die genau für unsere Situation passen. Diese alte Geschichte kann uns einzig und allein lehren, welchen Kräften wir zu dienen haben. Wie jede einzelne von uns ihr individuelles Gleichgewicht findet und sich im Wechsel vom wiederholten Abstieg und Aufstieg entwickelt, muß noch gelebt und beschrieben werden.

Zusammenfassung

Die Mythen vom Abstieg und der Wiederkehr Inannas stellen uns noch einmal zwei Große Göttinnen als urweibliche Energiemuster zusammen mit ihren Partnern dar wie auch die Möglichkeit einer individuellen menschlichen Antwort, sie in das verkörperte, persönliche Leben einzubringen. Die Geschichte präsentiert einen Weg zur Gesundheit und zur Heilung der Kluft zwischen Oben und Unten, dem kollektiven Ideal und der machtvollen, bipolaren, umwandelnden Realität, die die Grundlage weiblicher Ganzheit ist. Die symbolischen Bilder des Mythos können uns auf dem Weg unseres Abstiegs zur Göttin und unserer Erneuerung eine Orientierung sein, wenn wir zuerst in Inannas und dann in Geshtinannas Fußstapfen treten.

Für die moderne Frau heißt das: Erst dann, wenn der ganze

bis ins Dämonische gehende Bereich der Affekte und die Objektivität des dunklen Weiblichen durchlebt wird, ist eine wahrhaft seelenverwandte, leidenschaftliche und individuelle Beziehung zwischen Mann und Frau als gleichwertigen Partnern möglich. Inanna wird mit ihrer dunklen Vorgängerin und Schwester, dem verdrängten Weiblichen, vereinigt und wieder von ihm getrennt. Und dieser Prozeß bringt mit Ninshuburs, Enkis und Dumuzis Hilfe Geshtinanna auf den Plan – Vorbild einer Frau, die für sich selbst einstehen kann, ihren Selbst-Wert bewahrt, die zum Männlichen in liebender Beziehung stehen kann, während sie die direkte Verbindung zu ihren eigenen Tiefen behält. Sie dient als Beispiel dafür, wie eine Frau zum menschlichen, persönlichen Leiden bereit ist – und damit zum ganzen Spektrum der Göttin.

Glossar der Jungschen Begriffe

(siehe hierzu C. G. Jung: Gesammelte Werke, Band VI: Psychologische Typen – Hinweis des Übersetzers)

Anima (latein. «Seele»): Die unbewußte weibliche Seite der Persönlichkeit eines Mannes. Sie taucht in Träumen in Form von Frauenbildern auf, die von der Prostituierten bis zur spirituellen Führerin (der Weisheit) reichen können. Sie repräsentiert das Eros-Prinzip. So zeigt sich der Entwicklungsstand der Anima eines Mannes in der Art seiner Beziehungen zu Frauen. Die Identifizierung mit der Anima kann sich als Launenhaftigkeit, «weibisches» Verhalten oder Überempfindlichkeit zeigen.

Animus (latein. «Geist»): Die unbewußte männliche Seite der Persönlichkeit einer Frau. Er personifiziert das Logosprinzip. Die Identifizierung mit dem Animus kann eine Frau starr und rechthaberisch werden lassen. Positiver gesehen ist der Animus der innere Mann, der als Brücke zwischen dem Ego der Frau und ihren eigenen schöpferischen Quellen im Unterbewußtsein fungiert.

Archetypen: Sind als solche nicht beschreibbar, aber ihre Wirkungen manifestieren sich im Bewußtsein in Form von Bildern und Ideen. Es sind universelle kollektive Muster oder Motive, die aus dem kollektiven Unbewußten auftauchen und die Essenz aller Religionen, Mythologien, Legenden und Märchen darstellen. Im individuellen Bewußtsein machen sie sich in Träumen und Visionen bemerkbar.

Assoziation: Ein spontaner Fluß miteinander verbundener Gedanken und Bilder um eine spezifische Vorstellung, bestimmt durch unbewußte Verbindungen.

Ego (Ich): Der zentrale Komplex im Bereich des Bewußtseins. Ein starkes Ego vermag sich objektiv auf aktivierte Inhalte des Unbewußten (z. B. andere Komplexe) zu beziehen, anstatt sich mit ihnen zu identifizieren, was als Zustand der Besessenheit erscheint.

Gefühl: Eine der vier psychischen Funktionen. Es ist eine rationale Funktion, die Beziehungen und Situationen nach ihrem Wert einstuft. Gefühl muß von Emotion unterschieden werden, die durch einen aktivierten Komplex zustande kommt.

Individuation: Die Bewußtwerdung der eigenen, einzigartigen psychischen Wirklichkeit, einschließlich deren Stärken und Schwächen. Sie führt zur Erfahrung des Selbst als dem Steuerungszentrum der Psyche.

Inflation: Ein Zustand, in dem man ein unwirklich hohes oder niedriges (= negative Inflation) Identitätsverständnis hat. Sie bedeutet eine Regression des Bewußtseins in das Unterbewußtsein, was typischerweise geschieht, wenn das Ego zu viele unbewußte Inhalte in sich aufnimmt und die Fähigkeit der Unterscheidung verliert.

Intuition: Eine der vier psychischen Funktionen. Sie ist die irrationale Funktion, die uns Wissen über die der Gegenwart innewohnenden Möglichkeiten gibt. Im Gegensatz zur Sinnesempfindung (der Funktion, die die unmittelbare Wirklichkeit durch die physischen Sinne wahrnimmt) nimmt die Intuition über das Unbewußte wahr, zum Beispiel in Form von plötzlichen Eingebungen unbekannter Herkunft.

Komplex: Eine emotional aufgeladene Gruppe von Ideen oder Bildern. Im «Mittelpunkt» eines Komplexes steht ein Archetyp oder archetypisches Bild.

Konstellieren: Bei einer stark emotionalen Reaktion auf eine Person oder eine Situation hat sich ein Komplex konstelliert (= aktiviert).

Participation mystique: Ein Begriff, den der Anthropologe Lévy-Bruhl benutzte, um die primitive psychische Verbindung mit Objekten, oder zwischen Personen, zu bezeichnen, die in einer starken unbewußten Bindung resultiert.

Persona: (latein. «Maske des Schauspielers»): Die soziale Rolle, die das Individuum entsprechend den Erwartungen der Gesellschaft oder durch früheste Erziehung annimmt. Ein starkes Ego bezieht sich auf die Außenwelt durch eine flexible Persona. Die Identifizierung mit einer spezifischen Persona (wie z. B. Arzt, Gelehrter, Künstler etc.) hemmt die psychische Entwicklung.

Projektion: Der Prozeß, mittels dessen eine der eigenen unbewußten Eigenschaften oder Charakteristika in einem Objekt oder in einer anderen Person gesehen und entsprechend auf sie reagiert wird. Die Projektion der Anima oder des Animus auf einen Mann oder eine Frau wird erfahren, wenn man sich verliebt. Unerfüllte Erwartungen zeigen die Notwendigkeit an, Projektionen zurückzuziehen, um sich auf die Wirklichkeit anderer Menschen beziehen zu können.

Puella aeterna (latein. «ewiges Mädchen»): Beschreibt einen bestimmten Frauentyp, der sich zu lange in der Phase der pubertären Psychologie aufhält, die allgemein mit einer starken, unbewußten Bindung an den Vater assoziiert wird. Ihr männliches Gegenstück ist der *puer aeternus,* der «ewige Jüngling», mit seiner entsprechenden Bindung an die Mutter.

Schatten: Ein unbewußter Teil der Persönlichkeit, der durch Eigenschaften und Haltungen charakterisiert ist, die das bewußte Ego lieber ablehnt. Er wird in Träumen durch das Auftauchen von Personen repräsentiert, die gleichen Geschlechts wie der Träumende sind.

Selbst: Der Archetyp der Ganzheit und das Steuerungszentrum der Persönlichkeit. Es wird als überpersönliche Macht erfahren, die das Ego transzendiert: z. B. Gott.

Symbol: Der bestmögliche Ausdruck für etwas, das eigentlich unbekannt ist. Symbolisches Denken ist nicht-linear und geht von der rechten Gehirnhälfte aus. Es ist komplementär zum logischen, linearen Denken der linken Gehirnhälfte.

Transzendente Funktion: Das versöhnende «Dritte», welches aus dem Unbewußten aufsteigt (in der Form eines Symbols oder einer neuen Einstellung), nachdem die widerstreitenden Gegensätze bewußt unterschieden wurden und die Spannung zwischen ihnen erhalten bleibt.

Übertragung und Gegenübertragung: Spezielle Fälle von Projektion, die in Form der unbewußten emotionalen Bindung zwischen zwei Personen auftritt, die an einem analytischen oder therapeutischen Prozeß beteiligt sind.

Uroboros: Mythische Schlange oder Drache, der sich in seinen eigenen Schwanz beißt. Er ist ein Symbol sowohl für die Individuation als fortwährender, zirkulierender Prozeß wie auch für narzißtische Selbstherrlichkeit.

Anmerkungen

(Wo Angaben über die Veröffentlichung fehlen, siehe Bibliographie.)

1. Erich Neumann, «On the Moon and Matriarchal Consciousness», in *Fathers and Mothers*, S. 59.
2. Erich Neumann, *Zur Psychologie des Weiblichen*, S. 99.
3. Adrienne Rich, «Reforming the Crystal», in *Poems: Selected and New*, 1950–1974, S. 228.
4. Carolyn G. Heilbrun, *Reinventing Womanhood*, S. 37–50.
5. Samuel Noah Kramer, *The Sacred Marriage Rite: Aspects of Faith, Myth, and Ritual in Ancient Sumer*, S. 108–121; und Diane Wolkstein und Samuel Noah Kramer, *Inanna, Queen of Heaven and Earth, Her Stories and Hymns.*
6. Alexander Heidel, *The Gilgamesh Epic and Old Testament Parallels*, S. 119–128.
7. Thorkild Jacobsen, *The Treasures of Darkness: A History of Mesopotamian Religion, S. 55.*
8. Samuel Noah Kramer, *Sacred Marriage Rite*, S. 108.
9. ibd., S. 112.
10. Wolkstein und Kramer.
11. Siehe auch z. B. Tillie Olsen, *Silences*; Adrienne Rich, *Of Woman Born* und *On Lies, Secrets, and Silences*; Carolyn Heilbrun, *Reinventing Womanhood*; und Dorothy Dinerstein, *The Mermaid and the Minotaur.* Es ist interessant, hier anzumerken, daß selbst Toni Wolff in ihrem Essay «Die Strukturen der weiblichen Psyche» (Zürich, 1946 – in den

meisten Bibliotheken der C. G. Jung Institute erhältlich) ihre Kategorien – Mutter, Amazone, Hetäre, Mediale Frau – in erster Linie in bezug auf das Männliche beschreibt. Obwohl sie gültig sind, müssen sie doch in einem introvertierteren Sinne verstanden werden, als sie von ihr beschrieben wurden, nämlich eher in Form des Mutter-, Partner- und Medium-Seins in bezug auf unsere eigenen weiblichen Tiefen als nur gegenüber äußeren männlichen Partnern.

12. David R. Kingsley, *The Sword and the Flute*; und Beverley Zabriskie, «Isis, Ancient Goddess, Modern Woman».

13. Samuel Noah Kramer, *From the Poetry of Sumer*, S. 27 ff.

14. Erich Neumann, *Ursprungsgeschichte des Bewußtseins*; und Edward C. Whitmont, «The Momentum of Man».

15. «Inanna and the Huluppu Tree», in Wolkstein und Kramer.

16. Jacobsen, S. 623.

17. Heidel, S. 134.

18. Vielleicht wird die Seele als weiblich betrachtet, weil die weibliche Körper-Ego-Erfahrung so oft die Durchdringung von inneren und äußeren Begrenzungen mit sich bringt (z. B. Menstruation, der sexuelle Verkehr, das Gebären und Stillen). Diese körperliche Erfahrung entwickelt die Fähigkeit des Ego, sich beeinflussen zu lassen, auf sich einwirken zu lassen. Und diese Durchdringung ist dem analog, daß die Seele vom Göttlichen durchdrungen wird. In vielen Kulturen wird der Anbetende mit einer Braut oder Gemahlin Gottes gleichgestellt. Männer werden angehalten, Radha oder der Braut Christi nachzueifern und sich der überpersönlichen Gottheit zu unterwerfen. Ebenfalls waren es in vielen Kulturen die Frauen, die sich für andere um die Prozesse der Nahrungsaufnahme und -ausscheidung kümmerten. Es besteht eine Analogie zwischen diesen «niederen» Tätigkeiten und der sorgfältigen Pflege der Empfänglichkeit der Seele gegenüber dem numinosen «Oben» und «Unten».

19. Jean Gebser, «The Foundations of the Aperspective World».

20. C. G. Jung, «The Psychological Aspects of the Kore», in C. G. Jung und C. Kerényi, *Essays on a Science of Mythology,* S. 170.

21. Jacobsen meint, daß die früheste Form ihres Namens «Ninanna(k)», «Frau des Dattelbündels» war (S. 36).

22. Siehe Rodney Collin, *The Theory of Celestial Influence* (New York: Samuel Weiser Inc., 1954). Der 8-Jahreszyklus des Planeten Venus

«scheint das Wachstum und die Fortpflanzung der Menschheit zu regieren» (S. 298). Untersuchungen haben gezeigt, daß die Periodik des Planeten mit reichen und weniger reichen Ernten zu tun hat (S. 276).

23. Kramer, *Poetry of Sumer*, S. 94.

24. Für seine menschliche, heroische Hilfe erhält Gilgamesch die Belohnung von *pukku* und *mikku*, den königlichen Emblemen, die später in die Unterwelt verschwinden und ihm das Wissen um seine Sterblichkeit vermitteln. (Siehe die Einleitung zu Wolkstein und Kramers «Inanna and the Huluppu Tree», die darauf näher eingeht.)

25. Jacobsen, S. 137.

26. Kramer, *Poetry of Sumer*, S. 88.

27. ibd., S. 97.

28. Jacobsen, S. 138.

29. Kramer, *Sacred Marriage Rite*, S. 96.

30. ibd., S. 59.

31. Jacobsen, S. 141.

32. Karl Kerényi, *Athene: Virgin and Mother*, S. 45.

33. Karl Kerényi, «Kore», in Jung und Kerényi, *Science of Mythology*, S. 105.

34. Inanna beschreibt ihre zwei Söhne: Einer, «der mir Hymnen singt / der mir die Nägel schneidet und mir übers Haar streicht», und einer, «der ist mein rechter Arm. / Er ist mein linker Arm. / Er ist mein Führer.» (Wolkstein und Kramer, S. 66–67.) Sie sind nicht ihre Liebhaber. Und sie trägt Sorge, daß sie von den im Gedicht beschriebenen Dämonen nicht zerstört werden. Ihr geliebter Gemahl ist Dumuzi, der nicht ihr Sohn ist. Er ist es, den sie schließlich als Ersatz in die Unterwelt schickt. An verschiedenen Stellen in den Liebesgedichten wird beschrieben, wie sie Dumuzi als «Sohn» oder «Bruder» bezeichnet (Kramer, *Sacred Marriage Rite*, S. 96–97), aber dies scheinen lediglich in Sumer gebräuchliche Ausdrücke der Gefühlsnähe und des Respekts zu sein. Derartige Benennungen sind in Sumer sehr häufig (wir kennen sie aus der Stammesanthropologie); so nennt Inanna auch Ereshkigal ihre «ältere Schwester». Inanna ist die früheste bekannte Große Göttin, die ihren Geliebten an ihrer Statt opfert. Er ist der König des Jahres. Aber der König des Jahres ist nicht der Sohn. Er ist der sterbliche Geliebte, der der Göttin selbst gleichgestellt wurde (siehe Kap. IX).

35. Heidel, S. 50–52.
36. Kramer, *Poetry of Sumer*, S. 92.
37. Esra 10, 3–43.
38. Siehe Michelle Zimbalist Rosaldo und Louise Lamphere (Hrsg.), *Woman, Culture, and Society*.
39. Edward C. Whitmont (in Vorbereitung).
40. *New York Times*, 12. August 1980, S. C7.
41. Siehe C. G. Jung, «The Symbolic Life», in *Collected Works*, Bd. 18, pars. 630 ff. Deutsch: Bd. 18/1, III. Das symbolische Leben, S. 297–298.
42. Jacobsen, S. 99.
43. Samuel Noah Kramer, *Sumerian Mythology*, S. 43–47.
44. Kerényi, «Kore», in Jung und Kerényi, *Science of Mythology*, S. 125.
45. «Inanna and the Huluppu Tree», in Wolkstein und Kramer.
46. Jacobsens Übersetzung der Zeile ist genauso relevant: «Der *kur* wurde Ereshkigal als Preis gewährt.» Sie wurde Königin. Denn mit der Trennung zwischen Himmel und Erde wurde der *kur* zu ihrer Großen Wohnstatt und ein Ort neuer Fruchtbarkeit für sie.
47. In gleicher Weise finden die Eingeweihten der Eleusinischen Mysterien Trost in Persephone-Demeter und dem Wissen um das ewige Leben, das sie durch die Mysterien gewinnen.
48. Manchmal sind auch der Mondgott, Gilgamesch und selbst der Sonnengott und Dumuzi in seiner Unterweltgestalt unter ihren Richtern (Jacobsen, S. 228).
49. ibd.
50. Heidel, S. 122.
51. Kramer, *Sacred Marriage Rite*, S. 113.
52. Heidel, S. 122.
53. Kingsley, S. 140–141.
54. Swami Rama u. a., *Yoga and Psychotherapy: The Evolution of Consciousness*, S. 226–231.
55. Kimberley McKell, *The Psychology of the Tantric Chakras*.
56. Marie-Louise von Franz, «Das Mädchen ohne Hände», in *Das Weibliche im Märchen*, S. 71–94.
57. Depressionen kommen in den USA jetzt zwei- bis sechsmal häufiger bei Frauen vor als bei Männern. Informationen zu diesem

Thema findet der Laie bei Maggie Scarf, *Unfinished Business: Pressure Points in the Lives of Women* (New York: Doubleday, 1980).

58. Sylvia Perera Massel, «The Scapegoat Complex».

59. Patricia Berry, «The Rape of Demeter/Persephone and Neurosis».

60. Jane Ellen Harrison, *Prolegomena to the Study of Greek Religion*, S. 8 ff.

61. Enki lehrte sie auf diese Weise, wie sie einer von Namtars Plagen ein Ende setzen konnten (Jacobsen, S. 118).

62. Marie-Louise von Franz, *Shadow and Evil in Fairy Tales*, S. 167.

63. Heidel, S. 129.

64. Jacobsen, S. 229.

65. Dinerstein, *The Mermaid and the Minotaur.*

66. Edward C. Whitmont, «The Momentum of Man».

67. Kramer, *Sacred Marriage Rite*, S. 114.

68. C. G. Jung, «Psychological Commentary on Kundalini Yoga» (Lecture 1, Oct. 1932), in *Spring 1975*, S. 2.

69. Linda Fierz-Davids Worte passen sehr gut zu Inanna, obwohl in ihrem Text das Wort «Verschmelzen» korrekter wäre als das Wort «Bezogenheit»: «Entsprechend dem Prinzip der Bezogenheit zu leben, sich mit anderen und andere mit sich zu verbinden, ist eine Notwendigkeit für alle Frauen ... Aber sobald die Bezogenheit auf Kosten der eigenen Seele gelebt wird, sobald die Frauen allzusehr in die sie umgebende Welt überfließen, ... erwacht eine machtvolle Gegenstömung in ihnen ... Der Geist erscheint ihnen als Tod ... gegenüber dem überlasteten Leben, *der Tod* enthüllt sich ihnen *als der höchste Wert* ..., der ihnen eingibt, daß sie *in sich* selbst sämtliche Bindungen zerreißen und jegliche Bezogenheit in der Welt aufgeben müssen, um die Beziehung zum Geist und damit zu sich selbst finden zu können ... Sie müssen ... den Sprung in die Dunkelheit wagen ... Frauen müssen im kalten Atem des Geist-Reiches ihre eigene Kälte erfahren ..., um vom Zwang der Bezogenheit, der die Natur knechtet, erlöst zu werden.» («Psychological Reflections on the Fresco Series of the Villa of the Mysteries in Pompeji», S. 93–97).

70. von Franz, *Shadow and Evil*, S. 169.

71. Antonio T. de Nicolas, *Meditations through the Rig-Veda: Four-Dimensional Man*, S. 24.

72. Joseph Campbell, *Myths to Live By*, S. 103–104.

73. Dies ist Teil der Lehre der Bhagavad-Gita.

74. Kramer, *Sacred Marriage Rite*, S. 116.

75. Jacobsen, S. 58.

76. Kramer, *Sacred Marriage Rite*, S. 116.

77. Gertrude Ujhely, «Thoughts Concerning the *Causa Finalis* of the Cognitive Mode Inherent in Pre-Oedipal Psychopathology». Siehe auch Dorothee Sölle, *Leiden*, Stuttgart, 1973.

78. Penelope Washbourne (Hrsg.), *Seasons of Women*, S. 52.

79. Zitiert von Margaret W. Masson in «The Typology of the Female as a Model for the Regenerate: Puritan Preaching, 1690–1730», S. 312.

80. Gerard Manley Hopkins, *Poems and Prose of Gerard Manley Hopkins*, W. H. Gardner (Hrsg.), (London, 1953), S. 61.

81. Esther Harding, *Frauenmysterien*, S. 63 ff.

82. ibd., S. 75.

83. Der Mensch besitzt natürlich diese Fähigkeiten, und manchmal stellen Animusfiguren in Träumen das mehr weibliche Yang dar. Beide sind für beide Geschlechter gültig und wichtig.

84. T.-W. Danzell, zitiert von Erich Neumann in *Die Große Mutter*, S. 190.

85. Diese Trennung zwischen den beiden Göttinnen legt nahe, daß es ein altes intuitives Erfassen der Gehirnfunktionen gibt. Dies wurde erst kürzlich von Paul MacLean und anderen bestätigt. (Siehe z. B. Mary Long, «Ritual and Deceit» im *Science Digest*, Nov./Dez. 1980, S. 87–121.) Das primitive «Reptilien»-Hirn ist für Selbsterhaltung, gewalttätige Aggression, Dominanzstreben und rituell wiederholtes Schauverhalten verantwortlich. Diese sind in etwa analog zu Verhaltensmustern, die von den Sumerern mit der Figur Ereshkigals assoziiert wurden. Das limbische Gehirn mit seinen präfrontalen Neocortex-Prozessen hat die Aufgabe der Arterhaltung: die Funktionen des Nährens, der liebenden Zuwendung und der sozialen Bindungen. Diese sind in etwa analog zu Verhaltensweisen, die mit Inanna assoziiert werden.

86. Penelope Shuttle und Peter Redgrove, *The Wise Wound: Eve's Curse and Everywoman.*

87. Karen Elias-Button, «The Dark Mother in Contemporary Women's Poetry», in *Anima, An Experiential Journal*, Bd. 4, Nr. 2, S. 8.

88. Rich, *Poems*, S. 193.

89. Der Hauptunterschied zur männlichen Entwicklung liegt darin, daß bis vor kurzem – und dann oft erst in der zweiten Hälfte des Lebens – für die meisten Männer keine Notwendigkeit bestand, in verdrängte Tiefen einzutauchen, wenn sie sich gleich anfangs von ihrer Kindheit befreien und sich mit den Idealen ihrer Kultur identifizieren konnten; denn sie wurden von der Außenwelt ohne Dissonanz zu ihrem Inneren unterstützt. Da es jedoch kein kollektiv sanktioniertes ganzheitliches Muster mehr gibt, nach dem sich die Entwicklung des männlichen Ego vollziehen könnte, und das Ideal des Helden-Ego ebenfalls als unpassend empfunden wird, sind die Männer zunehmend dazu gezwungen, mit ihren eigenen Tiefen auf andere Weise umzugehen und den persönlichen Abstieg zu wagen, der es ihnen ermöglicht, ihre verdrängten Instinktmuster wiederzufinden.

90. Heidel, S. 122–123.

91. Kramer, *Sacred Marriage Rite*, S. 113.

92. Jacobsen, S. 95.

93. ibd., S. 110.

94. Der Gott An verkündet, daß der Stier auf Erden sieben Hungerjahre verursachen wird (Heidel, S. 53). Ishtar und ihre Anhänger betrauern seinen Tod, als Gilgamesch und Enkidu ihre sterbliche Macht an derjenigen der Natur messen wollen und ihn töten (ibd., S. 54).

95. Jacobsen, S. 98.

96. ibd., S. 99.

97. Kerényi, «Kore», in Jung und Kerényi, *Science of Mythology*, S. 139.

98. Kramer, *Sacred Marriage Rite*, S. 114.

99. Mircea Eliade, «Terra Mater and Cosmic Hierogamies», in *Spring 1955*, S. 35.

100. ibd., S. 38.

101. ibd., S. 39.

102. Neumann, *Die Große Mutter*, S. 187–188.

103. Eliade, «Terra Mater», S. 39.

104. Dies mag eine Analogie zur dämonischen Rückkehr Inannas aus der Unterwelt sein (siehe auch Kap. IX).

105. Kramer, *Sacred Marriage Rite*, S. 69–70. Entsprechend der «ortho-

doxen» Jungschen Psychologie kann man dagegensetzen, daß dieses Annehmen des Bruders anstatt des Vaters positiv ist. Aber das kann irreführend sein. Der Bruder-Animus kann eine Frau von ihren eigenen Bedürfnissen entfremden, aber auch ebenso als Fürsprecher des Animus der Mutter fungieren (Patricia Finley, persönliche Mitteilung). In Inannas Gedichten drängt Ningal, ihre Mutter, auf ihre Heirat mit Dumuzi. Ningal wird als Tochter Enkis bezeichnet und daher mit Dumuzi in schwesterliche Beziehung gebracht. Sie und Utu drängen Inanna, den Hirtenkönig als Gemahl anzunehmen (wie oben S. 76).

106. Jung, «Die zweifache Mutter», in *Gesammelte Werke,* Bd. V, Par. 464–612.

107. Jung, *The Visions Seminars*, S. 118–119.

108. Jung, *Gesammelte Werke,* Bd. 14/1., Par. 42, Anm. 62.

109. ibd., Par. 42.

110. ibd., Par. 43, Anm. 69.

111. Meines Wissens wird im sumerisch-akkadischen Material nie die Wahrnehmung solcher Energie- und Bewußtseinszentren erwähnt. Aber ich bin mir von der sorgfältigen Anordnung der Gewänder her sicher, daß solch eine Interpretation nicht weit hergeholt ist. Joseph Campbell erwähnte in einem Vortrag, daß die beiden siebenfach miteinander verschlungenen Schlangen auf der babylonischen Gudea-Schale (ca. 2000 v. Chr.) wohl Kundalini und ihre Chakras symbolisieren.

112. Neumann, *Die Große Mutter*, S. 158.

113. ibd. – Bezüglich einer Beschreibung der weiblichen ägyptischen Torhüter siehe *Das Ägyptische Totenbuch*, Kap. 147.

114. Siehe S. P. Mason, *A History of the Sciences.*

115. Apuleius beschreibt seine römische Einweihung in die Mysterien der Isis: «Ich nähere mich den Grenzen des Todes. Nachdem ich die Schwelle Proserpinas betreten habe, kehre ich durch alle Elemente zurück. Um Mitternacht sah ich die Sonne strahlend scheinen. Alle Götter, von oben und von unten, waren gegenwärtig.» (Apuleius: Der goldene Esel, 11. Buch.)

116. Wolkstein und Kramer.

117. ibd.

118. Jacobsen, S. 124–125.

119. Das gleiche Wort wird für alle drei Substanzen gebraucht (ibd., S. 111).

120. Elizabeth Williams Forte, *Ancient Near Eastern Seals,* Nr. 39 & 41.
121. James Hillman schreibt von Teiresias in *The Myth of Analysis,* S. 280.
122. McKell, S. 208ff.
123. Jacobsen, S. 111.
124. Die rote Farbe in Sumer wurde von Fachleuten speziell mit Gott Enki assoziiert (Forte, Nr. 37, n.).
125. Kramer, *Sacred Marriage Rite,* S. 166–167.
126. Wolkstein und Kramer.
127. ibd.
128. Edward C. Whitmont, «The Magic Dimension of Consciousness»; und Ujhely.
129. Kramer, *Sacred Marriage Rite,* S. 116.
130. ibd.
131. Eines der Probleme, mit denen ein männlicher Therapeut möglicherweise konfrontiert wird, wenn er in diesen tieferen Schichten der Seele nicht zu Hause ist – wenn er sich vom Weiblichen umfangen fühlt und nicht versteht, um welche Ebene des Weiblichen es sich handelt – besteht darin, daß er diese Intimität als sexuell einordnet, besonders dann, wenn die Übertragung in ihrer Vielfältigkeit erotisiert wird. Eine Frau kann die interpretierende oder physische Reaktion des männlichen Therapeuten (als Antwort auf ihre Bedürfnisse nach uranfänglicher Intimität in einer undifferenzierten genital-erotischen Weise) als einen Verrat empfinden. Das ist es nicht, was sie braucht, obwohl ihr das möglicherweise erst später klar wird.
132. Jung, *Gesammelte Werke,* Bd. 9, Teil II, Par. 339.
133. Jung, *Visions Seminars,* S. 91.
134. Jung, «Das symbolische Leben», *Gesammelte Werke,* Bd. 18/1, Par. 631.
135. Wolkstein und Kramer.
136. Neumann sagt: «Da das Weibliche als Lustobjekt erniedrigt und mißbraucht wurde, rächt es sich nun, indem es sich in die matriarchalische Feindseligkeit gegenüber dem Männlichen zurückzieht.» (*Zur Psychologie des Weiblichen,* S. 90.) Seine Perspektive ist patriarchalisch und gründet ausschließlich auf der Gegensätzlichkeit der Positionen. Sie deutet kaum auf die größeren Zusammenhänge, die in der Rückkehr Inannas und der modernen Frau zur dunklen Göttin enthalten sind.

137. Kramer, *Sacred Marriage Rite,* S. 105.
138. ibd., S. 156, n. 25.
139. Jacobsen, S. 26–27.
140. ibd., S. 26.
141. Kramer, Sacred Marriage Rite, S. 81 & 59; und Jacobsen, S. 46.
142. Kramer, *Sacred Marriage Rite,* S. 118.
143. ibd., S. 119.
144. Wolkstein und Kramer.
145. Kramer, *Sacred Marriage Rite,* S. 119.
146. Jacobsen, S. 49–52.
147. Wolkstein und Kramer.
148. Kramer, *Sacred Marriage Rite,* S. 128.
149. ibd., S. 63ff., 92, 100.
150. ibd., S. 122.
151. Jacobsen, S. 27–28.
152. ibd., S. 62.
153. ibd., S. 27.
154. James Hillman, «On Psychological Femininity», in *Myth of Analysis,* S. 215–298.

Bibliographie

Berry, Patricia. "The Rape of Demeter / Persephone and Neurosis". *Spring* 1975.

Christ, Carol P. und **Plaskow**, Judith (Hrsg.). *Womanspirit Rising, A Feminist Reader in Religion.* San Francisco: Harper & Row, 1979.

Campbell, Joseph. *Myths to Live By.* New York: Viking Press, 1972.

De Nicolas, Antonio T. *Meditations through the Rig-Veda: Four-Dimensional Man.* Boulder and London: Shambhala, 1978.

Dinerstein, Dorothy. *The Mermaid and the Minotaur: Sexual Arrangements and Human Malaise.* New York: Harper & Row, 1977.

Fierz-David, Linda. "Psychological Reflections on the Fresco Series of the Villa of the Mysteries in Pompeji". Mimeographed. Zürich, 1957.

Forte, Elizabeth Williams. *Ancient Near Eastern Seals: A Selection of Stamp and Cylinder Seals from the Collection of Mrs. William H. Moore.* New York: Metropolitan Museum of Art, 1976.

Gebser, Jean. "The Foundations of the Aperspective World". Auszüge in *Main Currents of Modern Thought,* Bd. 29 (1972) Nr. 2; Bd. 30 (1973), Nr. 3.

Guntrip, Harry. *Schizoid Phenomena, Object Relations, and the Self.* New York: International Universities Press, 1969.

Harding, M. Esther. *Woman's Mysteries, Ancient and Modern.*

New York: Harper & Row, 1976. (Deutsche Ausgabe: *Frauen-Mysterien – einst und jetzt.* Berlin: Schwarze Katz, 1982.)

Harrison, Jane Ellen. *Prolegomena to the Study of Greek Religion.* Cambridge: University Press, 1922.

Heidel, Alexander. *The Gilgamesh Epic and Old Testament Parallels.* Chicago: University of Chicago Press, 1946.

Heilbrun, Carolyn G. *Reinventing Womanhood.* New York: W. W. Norton & Co., 1979.

Hillman, James. *The Myth of Analysis: Three Essays in Archetypal Psychology.* Evanston: Northwestern University Press, 1972.

Jacobsen, Thorkild. *The Treasures of Darkness: A History of Mesopotamian Religion.* New Haven: Yale University Press, 1976.

Jung, C. G. **The Collected Works** (Bollingen Series XX). 20 Bde. übers. von. R.F.C. Hull, (Hrsg.) H. Read, M. Fordham, G. Adler, Wm. McGuire. Princeton: Princeton University Press, 1953–1979. (Deutsche Ausgabe: *Gesammelte Werke,* Band 1–19. Olten und Freiburg i. Br.: Walter-Verlag, ab 1978.)

——. *The Visions Seminars* (1930–34). 2 Bde. Zürich: Spring Publications, 1976.

——, and **Kerényi,** C. *Essays on a Science of Mythology: The Myth of the Divine Child and the Mysteries of Eleusis.* New York: Harper & Row, 1949.

Kerényi, Karl. *Athene, Virgin and Mother.* Zürich: Spring Publications, 1978.

Kingsley, David R. *The Sword and the Flute: Kali and Krsna, Dark Visions of the Terrible and the Sublime in Hindu Mythology.* Berkeley: University of California Press, 1975.

Kohut, Heinz. *The Analysis of Self.* New York: International Universities Press, 1971.

Kramer, Samuel Noah. *From the Poetry of Sumer: Creation,*

Glorification, Adoration. Berkeley: University of California Press, 1979.
——. *The Sacred Marriage Rite: Aspects of Faith, Myth, and Ritual in Ancient Sumer.* Bloomington: Indiana University Press, 1969.
——. *Sumerian Mythology: A Study of Spiritual and Literary Achievement in the Third Millenium B. C.* New York: Harper & Row, 1961.
Mason, S. P. *A History of the Sciences.* New York: Collier, rev. ed., 1962.
Massell, Sylvia Perera. "The Scapegoat Complex". *Quadrant,* Bd. 12 (1979), Nr. 2.
Masson, Margaret W. "The Typology of the Female as a Model for the Regenerate: Puritan Preaching, 1690–1730". *Signs, Journal of Women in Culture and Society,* Bd. 2 (1976), Nr. 2.
McKell, Kimberley. *The Psychology of the Tantric Chakras.* University Microfilms International, 1978.
Neumann, Erich. *The Great Mother: An Analysis of the Archetype.* Princeton: Princeton University Press, 1955. (Deutsche Ausgabe: *Die Große Mutter. Eine Phänomenologie der weiblichen Gestaltungen des Unbewußten.* Olten: Walter-Verlag, 1983.)
——. "On the Moon and Matriarchal Consciousness". *Fathers and Mothers: Five Papers on the Archetypal Background of Family Psychology.* Zürich: Spring Publications, 1973.
——. *The Origins and History of Consciousness.* Princeton: Princeton University Press, 1970. (Deutsche Ausgabe: *Ursprungsgeschichte des Bewußtseins.* Fischer Tb (Geist und Psyche 42042).)
——. "Psychological Stages of Feminine Development". *Spring 1959.* (Deutsche Ausgabe: *Zur Psychologie des Weiblichen.* Fischer Tb (Geist und Psyche 42051).)
Olsen, Tillie. *Silences.* New York: Delta / Seymour Lawrence, 1979.
Rama, Swami; **Ballentine,** Rudolph und **Ajaya,** Swami. *Yoga*

and Psychotherapy: The Evolution of Consciousness. Honesdale, Pa.: The Himalayan Institute, 1976.
Rich, Adrienne. *On Lies, Secrets, and Silences: Selected Prose,* 1966–1978. New York: W. W. Norton & Co., 1979.
——. *Poems: Selected and New,* 1950–1974. New York: W. W. Norton & Co., 1974.
——. Of Woman Born: *Motherhood as Experience and Institution*. New York: W. W. Norton & Co., 1976.
Rosaldo, Michelle Zimbalist und **Lamphere,** Louise (Hrsg.). *Woman, Culture, and Society*. Stanford: Stanford University Press, 1974.
Shuttle, Penelope und **Redgrove,** Peter. *The Wise Wound: Eve's Curse and Everywoman*. New York: Richard Marek Publishers, 1978. (Deutsche Ausgabe: *Die weise Wunde (Menstruation)*. Fischer Tb (Die Frau in der Gesellschaft), 1982.)
Ujhely, Gertrude. "Thoughts Concerning the *Causa Finalis* of the Cognitive Mode Inherent in Pre-Oedipal Psychopathology". Diploma Thesis. C. G. Jung Training Center. New York, 1980.
Von Franz, Marie-Louise. *Problems of the Feminine in Fairytales*. Zürich: Spring Publications, 1972. (Deutsche Ausgabe: *Das Weibliche im Märchen*, Fellbach-Oeffingen: Bonz GmbH, 1977.)
——. *The Psychological Meaning of Redemption Motifs in Fairytales*. Toronto: Inner City Books, 1980.
——. *Shadow and Evil in Fairytales*. Zürich: Spring Publications, 1974.
Washbourne, Penelope (Hrsg.) *Seasons of Woman: Song, Poetry, Ritual, Prayer, Myth, Story*. San Francisco: Harper & Row, 1979.
Whitmont, Edward C. "The Magic Dimension of Consciousness". *Spring* 1956.
——. "The Momentum of Man: The Cultural Evolution of

the Masculine and Feminine". *Quadrant*, Bd. 9 (1976), Nr. 1.

Wolkstein, Diane, and **Kramer,** Samuel Noah. *Inanna, Queen of Heaven and Earth: Her Stories and Hymns*. In Vorbereitung.

Woodman, Marion. *The Owl Was a Baker's Daughter: Obesity, Anorexia Nervosa, and the Repressed Feminine*. Toronto: Inner City Books, 1980.

Zabriskie, Beverley. "Isis, Ancient Goddess, Modern Woman". Diploma Thesis. G. G. Jung Training Center, New York, 1980.

Register

(Vorbemerkung: Jeder Begriff ist nur in seiner Grundform, nicht in seinen Ableitungen aufgenommen. Häufig wiederkehrende Namen und Begriffe wie Animus, Anima, Ereshkigal, Inanna, Mutter, Patriarchat, Vater, Tod, Unterwelt sind nicht erfaßt.)

Abel 124
Abstieg (als therapeutische Regression) 72, 75–88
Ägypten 93, Anm. 113
Aktive Imagination 71, 76
Alchemie 70, 89
An 21, 30, 77, Anm. 94
Androgyn 105
Anima – Definition 147
Animus – Definition 147
Annahme 84, 87, 102, 107, 110, 113, 119, 131, 137, 140
Anunnaki 23
Aphrodite 16, 23, 47, 60, 67, 113
Apollo 16, 62
Apuleius 125, Anm. 115
Aquarius, siehe Wassermann
Archetyp 9, 14, 16, 28, 32, 39, 53, 68, 74, 78, 83, 87, 98, 103, 115, 135, 136, 148, 149
  Definition 147
Assoziation 115, Anm. 124
  Definition 148
Artemis 22, 24
Athena 16, 22, 49, 85
Augen des Lebens 43
Augen des Todes 12, 31, 43–49

Baba Yaga 11, 45, 116
Balint Michael 85
Baum (auch Weltenbaum) 22, 57
Befruchtung 71, 72, 78, 83, 124, 125
Berry, Patricia Anm. 59
Bhagavad Gita 91, Anm. 73
Bipolarität (des Weiblichen) 65–69, 84, 135, 144
Bradstreet, Anne 51
Braut 80, 95
Buddha 57

Campbell, Joseph Anm. 72, 111
Ceriddwen 21
Chakra 92, 93, 102, 104, 142, Anm. 111
Christentum 26, 28, 56
Christus 28, 55, 69, 124, 131, 140, Anm. 18
circulatio 20, 68, 70

Collin, Rodney Anm. 22
coniunctio 60

Dämon 12, 20, 27, 127, 131, 132, 138, 140, 145, Anm. 104
Danzell, T.-W. Anm. 84
Dattelgott 124, Anm. 21
Demeter 14, 16, 21, 31, Anm. 47, 59
de Nicolas, Antonio T. Anm. 71
Depression 36, 37, 39, 40, 44, 56, 67, 68, 73, 76, 79, 83, 93, 102, 112, 127, Anm. 57
Diana 57
Dinerstein, Dorothy Anm. 11, 65
Dionysos 44, 143
Doppelaxt 21
Drache 8, 23, 122, 150
Drei Tage (Unterwelt) 11, 12, 95, 96
Drogen 76
Dumuzi 13, 23, 76, 83, 84, 100, 122–129, 131–133, 136–139, 141, 143, 145, Anm. 34, 48, 105
Dunkle Göttin 76, 85, 89, 105–107, 111, 119, 123, 124, 132

Ea 101
Ego 8, 14, 15, 18, 19, 32, 38, 39, 48, 61, 147–152
 Definition 148
Ego-Ideal 38, 39, 63
Einfühlungsvermögen (= Empathy) 101–117
Einweihung 9, 17–19, 36, 53, 58, 71, 72, 76, 80, 91–93, 113, 119, 120, 122, 125, 127, 132, 141
Ekstase 102
Eleusinische Mysterien 91, Anm. 47
Eliade, Mircea 81, Anm. 99–101, 103
Elias-Button, Karen Anm. 87
Emotionen 104, 133, 148–150
Empfänglichkeit, aktive 109
Enki 12, 38, 74, 95, 96, 99, 101–106, 116, 124, 138, 145, Anm. 61, 105, 124
 als Patron der Therapeuten 111–115
Enkidu 113, Anm. 94
Enlil 12, 25, 29, 30, 77, 97, 100
Enthauptung 81, 82
Entschleierung 89–94
Erech 25, 95, 100, 125
Erhaltung der Energie 82, 121
Erleuchtung 53, 83, 91
Erlösung 19, 28, 75
Eros 26, 59, 68, 69, 147
Esoterik 91, 122, 132
Esra 37
Exhibitionismus 90
Eule 49

Falke 23, 133
Feminismus 73, 74
Fierz-David, Linda Anm. 69
Finley, Patricia Anm. 105
fixatio 54–56
Fleischhaken 65
Fruchtbarkeit 80, 82, 116, 125

Gebser, Jean 19, Anm. 19
Geburt 71, 108, 119, 120
Gefäß 70–72, 91, 109, 113, 134
Gefühlsfunktion 96, 103, 106, 140–143, 148
Gegenübertragung, siehe Übertragung
Geshtinanna 13, 133, 136–144
Gilgamesch 22, 25, 77, 113, 131, 137, 140, Anm. 6, 24, 48, 94
Gleichgewicht 18, 35, 46, 53, 82, 84, 85, 119, 126, 132, 133, 135, 136, 142–144
Gnade 53
Gorgo 16, 31, 46, 49, 85, 116
Grab 86, 116, 134, 138
Grenzen, psychische 108–110
Gretel 117
Große Göttin 13, 16, 32, 45, 66, 69, 90, 95, 114, 134–136, 140, 144, Anm. 34
Große Mutter 101, 114
Große Oben, das 42, 66, 135, 142
Große Runde, das 29–31, 41, 82, 83, 86, 105, 131
Große Unten, das 30, 35
Gugalanna 11, 29, 57, 76, 77

Hades 29, 53
Harding, Esther 24, 58, Anm. 81, 82
Harrison, Jane Ellen Anm. 60
Havoc, June 27
Heidel, Alexander Anm. 6, 17, 35, 50, 52, 63, 90, 94
Heilbrun, Carolyn G. Anm. 4, 11
Heilige Hochzeit (auch *hieros gamos*) 135
Hera 84
Hermaphrodit 60, 105
Hetäre 85, Anm. 11
Hexe 8, 11, 45, 57, 61, 63
hieros gamos 81
Hillman, James Anm. 121, 154
Hiob (= Job) 131
Hirt der Menschen 22, 84, 124, 139
Hochzeit 80, 81, 91, 99, 124
Holle, Frau 11, 116
Homosexualität 114, 115
Hopkins, Gerard Manley Anm. 80

Identität 9, 37, 84, 89–92, 109, 124, 126–128, 133, 137, 148
Imagination, siehe aktive I.
Individuation 8, 44, 150
  Definition 148
Inkarnation 19, 56, 57, 68, 89, 90, 92, 108, 132, 135, 136, 141
Inflation 105
  Definition 148
Initiation, siehe Einweihung
Innen und außen 91, 108–110
Integrales Bewußtsein 19
Introversion 39, 66, 68, Anm. 11
Intuition 34, 63, 108, 156
  Definition 148
Inzest 69–74, 80
Ishtar 11, 17, 21, 25, 58, 76, 77, 93, 116, Anm. 94

Isis 16, 54, Anm. 115
Israel 25
Izananni 11

Jacobsen, Thorkild 124, Anm. 7, 16, 21, 25, 28, 31, 42, 46, 48, 49, 61, 64, 75, 92–95, 118, 119, 123, 139, 140, 146, 151–153
Jung, C. G. 15, 19, 44, 72, 75, 83, 86, 88, 89, 114, 144, Anm. 20, 33, 41, 44, 68, 94, 105–110, 132–134
Jungfrau 24, 84, 114
Juwel 35

kalatur 105
Kali 14, 16, 34, 46, 67
Kali-Durga 67
Kelch (siehe auch Gefäß) 55
Kerényi, Karl Anm. 20, 32, 33, 44, 97
Ki 101
Kingsley, David R. Anm. 12, 53
Königin 25, 27, 29, 38, 76, 88, 92, 95, 106
Komplex 72, 86, 91, 108, 112, 122, 123, 127, 148, 149
Definition 148
Konfrontation 127, 129, 131, 140
Konstellation 14, 72, 110, 112, 113
Definition 148
Kontinuum 29
Kore 11, 14, Anm. 33
Kornspeicher, Samuel Noah 13, 16, Anm. 5, 8, 9, 10, 13, 15, 23, 24, 26, 27, 29, 30, 34, 36, 43, 45, 51, 67, 74, 76, 91, 98, 105, 116, 117, 125–127, 129, 130, 135, 137, 138, 141–145, 147–150
Kreativität 18, 22, 52, 55, 60, 101, 114
Krebs 101
Kreta 57
Kreuzigung 28, 55, 92
Kreuzwegstationen 93
Kuh 23
Kundalini (siehe auch Chakras) Anm. 68, 111
kur 16, 23, 29, 102, Anm. 46
kurgarra 105
Kuß im Traum 115

Lamphere, Louise Anm. 38
Land ohne Wiederkehr 11, 31
Leid, Leiden 71, 76, 84, 91, 105, 106, 109, 111, 112, 116, 127, 128, 131, 132, 135, 142, 145
Leopard 121
Lévy-Bruhl 149
Libation 119
Libido 75, 81–83, 102, 119, 125, 134, 139
Linke Hirnhälfte 16, 48, 150
Litanei 106
Löwe 23
Logos 33, 41, 46, 132, 147
Long, Mary Anm. 85

Magie 72, 86, 105, 108, 110
Mais 81

Maria 16, 71
Mason, S. P. Anm. 114
Mather, Cotton 52
Matrix 8, 31, 69
Maya 45
Mac Lean, Paul Anm. 85
McKell, Kimberley Anm. 55, 122
me 22, 95, 101
Meditation 76
Medusa 67
Menstruation 34, 52, 56, 67, Anm. 18
Mercurius 101
Mond 11, 12, 22, 28, 30, 31, 42, 57, 67, 77, 89, 97–100, 132, Anm. 48
Monroe, Marilyn 93
Muladhara 34, 36, 44, 48, 92, 104, 142
Mutter, Erfahrung der 108
Mysterien 82, 88, 91, 122, Anm. 47

Nammu 16
Namtar 35, Anm. 61
Nanna 12, 77
Nanna-Sin 30, 97–100
Nergal 32, 41, 42
Neti 93
Neumann, Erich 9, 81, 93, Anm. 1, 2, 14, 84, 102, 112, 113, 136
nigredo 89
Ninazu 32
Ningal 99, 100, Anm. 105
Ninhursag 97, 101
Ninlil 29, 30, 77
Ninshubur 11, 12, 95–97, 125, 135, 138, 145

Odin 69
Ödipus 18
Olsen, Tillie Anm. 11
Opfer 13, 17, 18, 38, 45–47, 53, 63, 68, 69, 75–80, 88, 119–124, 127, 136, 140
Osiris 54

Panik 133
Paradox 31–32, 44, 47
participation mystique 44, 91, 108, 112
  Definition 149
Parvati 53
Peirithoos 53
Pelikan 70
Penis, siehe Phallus
Perera-Massel, Sylvia Anm. 58
Persephone 11, 31, 113, Anm. 47, 59
Persona 14, 15, 18, 63, 90
  Definition 149
Pfahl 12, 28, 31, 43, 51, 53–63, 73, 80, 116
Phallus 40, 54, 56–58, 60, 62, 63, 80, 92, 115
Polarität 137
Poseidon 101
Primär-Affekt 32, 33, 37, 93
prima materia 104
Projektion 13, 15, 24, 26, 44, 73, 87, 91, 98, 108, 150
  Definition 149

Proserpina Anm. 115
Psyche (Göttin) 11, 47, 72, 93, 94, 96, 105, 112, 114
Psychose 44
Puella 24, 39, 114
  Definition 149
puer 100, 149
Putrefaktion 89

Redgrove, Peter Anm. 86
Reduktion 91
Regression 18, 39, 68, 85–88, 148
Reinkarnation 91
Rich, Adrienne 9, 70, Anm. 3, 88
Rig-Veda Anm. 71
Rosaldo, Michelle Zimbalist Anm. 38
Rückkehr verdrängter Emotionen 119–121
Rundes, siehe Großes Rundes

Sakrificium 122
Scarf, Maggie Anm. 57
Schamanen 75
Schatten 26, 39, 61, 66, 69, 72, 73, 77, 78, 98, 115, 120, 143, 149
  Definition 149
Schilfrohr 138–139
Schlange 13, 31, 51, 61, 129, 131, 150
Schnecke 70
Schönheit 88, 89
Schwangerschaft 33, 57, 68, 82, 102
Schwarze Demeter 16, 31
Schwester, Inzest mit 69–74
Selbst 9, 14, 16, 18, 35, 44, 47, 62, 67, 68, 71, 74, 75, 84, 89, 90, 100, 115, 124, 145, 148
  Definition 149
Sekundärprozeß 18
sensory awareness 56
Sexton, Anne 69
shagan Gefäß 51
Shiva 47, 53
Shuttle, Penelope Anm. 86
Sieben Chakras 92
Sieben Löwen 23
Sieben Planeten 93
Sieben Richter 12, 32
Sieben Tore 11, 12, 32, 93
Skorpion 23, 77
Sonne 17, 22, 42, 84, 89, 99, 125, 131, 132, Anm. 48, 115
Sophia, gnostische 69
Spiegel 44, 68–70, 75, 105, 111, 126
Steinbock 101
Stier 29, 56, 77, 78, 98, 127, Anm. 94
Striptease 89
Sündenbock 12, 28, 81, 82, 111, 119–124, 127, 133, 134, 140
svadisthana 102
Swami Rama Anm. 54
Symbol 140, 150
  Definition 150

Tammuz 12, 76
Tantrik 36, 42
Teiresias Anm. 121

Teufel 57
Thanatos 102
Ton(tafeln) 103, 104, 138
Trägheit 102, 116
Transzendente Funktion 83, 125
Definition 150
Transformation (= Wandlung) 13, 30, 33, 34, 37, 38, 67, 75, 83, 91, 107, 117, 131, 132, 135, 139, 141, 143
Traum 76, 138–141, 147, 150
Tunnel 14, 75

Über-Ich 9, 14, 15, 19, 26, 35, 37, 46, 85, 87, 98, 99, 104, 106, 110, 141
Übertragung 48, 56, 70, 72, 87, 91, 108, 110, 113, Anm. 131
Definition 150
Ujhely, Gertrude Anm. 77, 128
Unbewußtheit 32, 41, 48, 65, 75, 76, 96, 116, 129, 140, 142, 143, 147–150
Unsterblichkeit 124
Unterbewußtsein 77, 147, 148
Ur 100
Urania 16, 67
Urin im Traum 93
Uroborus 9, 66, 70, 71, 75, 109
Definition 150
Utu 13, 99, 131, 132, 139, Anm. 105

Venus 17, 93, Anm. 22
Vergewaltigung 79, Anm. 59
Verschmelzung 127, Anm. 69
Villa der Mysterien (Pompeji) 44, Anm. 69
von Franz, Marie-Louise 117, Anm. 56, 62, 70
Vulva 23, 122

Wandlung, siehe Transformation
Washbourne, Penelope Anm. 78
Wasser des Lebens 91, 102, 103, 116, 119
Wassermann 101
Weinstock 140
Weisheit 12, 17, 31, 42, 45, 47, 53, 95, 101–104, 111, 122, 131, 132, 139, 144, 147
Weltenbaum 22
Whitmont, Edward C. Anm. 14, 39, 66, 128
Wiedergeburt 19, 53, 71, 80, 83, 85, 86, 91, 120, 128, 133, 139
Williams-Forte, Elizabeth Anm. 120
Wolff, Toni Anm. 11
Wolkstein, Diane Anm. 5, 10, 15, 24, 34, 45, 116, 117, 126, 127, 135, 144, 147

Yang 8, 53, 57–59, 62, 80, 85, Anm. 83
weiblich: 80
Yin 8, 36, 51, 58, 85, 88, 112, 114
Yoga Anm. 54, 68

Zabriskie, Beverley Anm. 12
Zerstückelung 8, 63, 75, 82, 84, 86

Zeuge 76, 78, 80, 95, 105, 113, 114
Zeus 29
Zwilling 132, 139

Ein hilfreicher Ratgeber bei Liebes- und Partnerschaftsproblemen

John A. Sanford
UNSERE UNSICHTBAREN PARTNER
Von den verborgenen Quellen des Verliebtseins und der Liebe

208 Seiten, mit einem Anhang über ‹Aktive Imagination› sowie einem Glossar der Jungschen Begriffe und Index, broschiert
ISBN 3-7157-0085-8

Liebes- und Partnerschaftsprobleme sowie Ehekrisen führen zu einem immer größeren Interesse an der Psychologie der Geschlechter. Es gab aber bis heute kein handliches und übersichtliches Buch, das C. G. Jungs wichtigste Ideen und Gedanken zu diesem Thema zusammenfaßte. Ausgehend von dessen faszinierender Anima/Animus-Theorie, welche zeigt, daß in jedem von uns Männliches und Weibliches vereint ist, gibt der Autor seine erstaunlichen und oft verblüffenden Erkenntnisse über die Geheimnisse des Verliebens und der Verliebtheit preis.

Anima und Animus sind jene unsichtbaren Partner, deren übermächtige und oft beflügelnde Kräfte in uns es zu entdecken gilt. Sie sind es, welche die Frage beantworten können, warum wir welche Partner gewählt haben. Sie sind die oft schmerzlich fehlenden Hälften in uns, von denen wir in überschwenglicher Verliebtheit beglückt und beseelt werden. Sie sind die anziehend magnetischen Pole, die beide Geschlechter einander näher bringen. Sie sind es aber auch im Stadium der Verliebtheit, die von uns unbewußt auf den geliebten Menschen projiziert werden.

Wird jedoch diese Verliebtheit einer gesunden Dosis Alltagsrealität ausgesetzt, in der sie sich bewähren müßte, bricht die ganze Phantasiewelt der Projektion zusammen.

Wie wir aber in dieser schwierigen Phase zu einer wahren und dauerhaften Liebesbeziehung finden können, in der wir den geliebten Menschen als *den* erkennen und annehmen, der er *ist,* zeigt der Autor mit vielen praktischen Hinweisen. Erst wenn wir echte innere Zuneigung und helfende Fürsorge in uns entwickelt haben und somit beziehungsfähig geworden sind, zeigen sich Anima und Animus von ihrer hilfreichen Seite und werden zu unseren wahren Partnern und Verbündeten.

John A. Sanford führt anhand zahlreicher Beispiele aus der Mythologie und der Geschichte, vor allem aber aus der täglichen Praxis, zu einem neuen Verständnis von Sexualität und Liebe.

Befreiung aus Ängsten und Suchtproblemen: Der Weg zu einer neuen Hingabe an das Leben

Marion Woodman
HEILUNG UND ERFÜLLUNG DURCH DIE GROSSE MUTTER

256 Seiten, mit 18 Abb., broschiert

ISBN 3-7157-0099-8

Dieses energiegeladene Buch der Analytikerin Marion Woodman, die am Jung-Institut in Zürich ausgebildet wurde und in Toronto tätig ist, nimmt die Leserin und den Leser auf eine heilende und zugleich spirituelle Reise mit, während der es gilt, die zwei Aspekte des Weiblichen zu versöhnen: den dunklen Aspekt der Furchtbaren Mutter, die die Lebensenergien der Frau auffrißt, und den heilenden Aspekt der Großen Muttergöttin, die sich in der Weisheit des Körpers, in der Verzückung durch Liebe, in weiblicher Spiritualität und in der Hingabe an das Leben offenbart.

Wenn Frauen die Verbindung zu diesem zweiten Aspekt ihrer Weiblichkeit fehlt und sie sich einseitig an männlichen Werten wie Spezialisierung und Perfektion orientieren, leiden sie – trotz Erfolgen in der von männlichen Idealen geprägten Berufswelt – oftmals an innerer Leere und Sinnlosigkeit. Sie werden anfällig für Suchtkrankheiten verschiedenster Art: Fett- und Magersucht, Bulemie, Alkoholismus, die zwanghafte Sucht, als unter Kontrolle zu halten, sowie Arbeits- und Perfektionssucht.

Marion Woodman lehrt die moderne Frau, die Verbindung zu ihrem archetypisch Weiblichen und zur Großen Mutter wieder herzustellen. Sie vermittelt das ursprüngliche Wissen um die natürlichen Gesetze des Lebens und die Liebe zu allem Lebendigen. Sie zeigt, wie alte seelische Verwundungen geheilt werden, wie das ursprüngliche Vertrauen in die eigenen Instinkte neu erworben werden kann, und wie der ganze Reichtum an bisher unterdrückter Kreativität sich neu entfaltet und eine lust- und liebevolle Geschlechtlichkeit hervorbringt. Alle Formen des künstlerischen Selbstausdrucks – Ritual und Tanz, Schreiben und Malen – begleiten diesen Weg.

Die Autorin gewährt einen tiefen Einblick in viele Lebensläufe suchtkranker Frauen und zitiert ihre Tagebuch- und Traumaufzeichnungen. Weitere typische weibliche Lebensmodelle werden in literarischen und mythischen Frauengestalten, in Texten, Gedichten und Bildern nachgezeichnet. Die Leserin findet sich oft in diesen ergreifenden Dokumenten gespiegelt und im innersten Kern «getroffen».

Für Frauen ist die Große Mutter ermutigend, Männern offenbart sie sich als große Erlösungskraft aus dem lebensvernichtenden technologischen Zeitalter.

«. . . in Zeiten der Wandlung soll uns ein denkendes Herz zu einer neuen Jungfräulichkeit geleiten.»

Marion Woodman
LEBEN AUS DER KRAFT DER GÖTTIN
Eine psychologische Studie über die Neugeburt des Weiblichen
280 Seiten, mit 25 Abbildungen, broschiert
ISBN 3-7157-0111-0

In ihrem neuen Buch läßt Marion Woodman ihre Leserinnen und Leser gleich zu Beginn an einer Verzauberung teilnehmen, die darum so ergreifend ist, weil jeder Mensch sie ebenfalls an sich erleben kann. Es ist jenes Naturwunder, wenn eine Raupe sich in ihren Kokon einspinnt und in völliger Isolierung ihr Schmetterlingsdasein vorbereitet, bis «sie zum Engel wird, der fliegen kann».

Diesem Wiedergeburtsereignis in unserer menschlichen Seele – diesem Neuerwachen zur eigenen Fülle und Vollständigkeit ist ihr Buch gewidmet. Es zeigt, daß die Göttin mit ihrer Weisheit und Kraft in diesem oft schmerzhaften und zugleich tiefbeglückenden Prozeß der inneren Schwangerschaft des Selbst immer gegenwärtig ist.

Die Autorin macht mit anrührenden Beispielen sichtbar, warum so wenige Menschen die Schmetterlingsflügel ihrer inneren Schönheit und Reifung entfalten. Eigene Lebenserfahrungen und Analysandenträume dokumentieren in oft erschütternder Weise die hauptsächlichsten Verhinderungen und Fixierungen im selbsterrichteten Gefängnis: z. B. die Langeweile einer unerfüllt gelebten Gegenwart, das ängstliche Anklammern an überholten Lebensformen und unfruchtbaren Beziehungen, sowie an falschen Idealen einer unentwickelten Weiblichkeit und Unkörperlichkeit. Sie entlarvt das Suchtverhalten vieler kreativer Frauen als Hilfeschrei der Seele, die leben will.

Das Buch zeigt anschaulich, wie die hemmenden Muster der Vergangenheit zu erkennen sind und wie sie mit Körperarbeit, Initiationsriten und Träumen aufgelöst werden können. Die bisher blockierte Energie wird somit frei für eine neue Öffnung gegenüber dem Leben und macht empfänglich für schöpferische Fähigkeiten. Sie findet Ausdruck in einer lebendigen Sexualität.

Marion Woodman schildert keine fernen Utopien, sondern zeigt anhand von ergreifenden und ermutigenden Beispielen, wie andere Frauen lernten, ihre weiblichen Kräfte zu entwickeln. Wir werden oft tief berührt von den einzigartigen Dokumenten der Eingeschlossenheit und der Befreiung. Es sind Traum- und Tagebuchaufzeichnungen, dichterische und gestalterische Darstellungen, die diesen weiblichen Initiationsweg zur Kraft und Fülle der Göttin illustrieren.